Pierre-Antoine Cousteau

Après
LE DÉLUGE

DU MÊME AUTEUR

L'Amérique juive, *the Savoisien & Baglis,* 2020.
    1re édition aux Éditions de France ; Paris, 1942.

Hugothérapie, Ethéel ; Paris, 1944.

Mine de rien, Ethéel, 1944.

Après le Déluge, *the Savoisien & Baglis,* 2020.
    1re édition à La Libraire française ; Paris, 1956.

Les Lois de l'hospitalité, La Libraire française ; Paris, 1957.

En ce temps là…, La Libraire française ; Paris, 1959.

Dialogue de « vaincus » Prison de Clairvaux, janvier-décembre 1950, Lucien Rabatet & Pierre Antoine Cousteau, Berg International.

—◆◇▶—

Diffusion « la Librairies Française »
Copyright 22 novembre 1956, by La Librairies Française.

sur les presses des Imprimeries Réunies,
22, rue de Nemours, Rennes.

Dépôt légal : 4e trimestre 1956.

═══════════════════════════
ÉDITION ORIGINALE NON CENSURÉE
═══════════════════════════

Exegi monumentum ære perennius
Un Serviteur Inutile, parmi les autres

Scan, ORC, Correction
Mise en page
25 janvier 2020
Baglis
Pour la Librairie **E**xcommuniée **N**umérique des **CU**rieux de Lire les **US**uels

En guise d'avant-propos :

La Terre est ronde

Le 23 novembre 1946 un grand monsieur glabre, revêtu d'une ravissante robe rouge agrémentée de lapin blanc m'annonça assez sèchement que j'étais condamné à mort.

C'était déplaisant, mais c'était sérieux. Très sérieux. Je ne connais rien de plus sérieux que des canons de fusil convenablement orientés.

Cinq mois plus tard, un petit monsieur glabre — mais sans robe, celui-là vint m'informer dans ma cellule que, tout bien réfléchi, la République ferait l'économie de ses douze balles et que ma peine était commuée en travaux forcés à perpétuité.

C'était plaisant.

Mais ça n'était pas sérieux. Plus sérieux du tout.

Avec cette « grâce », on retombait lourdement dans les fariboles. Le langage de mes tourmenteurs avait cessé d'être plausible. Je pouvais croire à la réalité du peloton d'exécution. Je ne pouvais pas croire à ma « perpétuité » : à moins d'endosser la bure à un âge très avancé, on finit bien par sortir du bagne.

Et généralement, lorsqu'on en sort, on ne dégouline pas de miséricorde. Imagine-t-on d'ailleurs système répressif plus saugrenu ? Car il peut être raisonnable — cela s'est toujours fait avec plus ou moins d'hypocrisie et de discernement dans les sociétés policées — de supprimer physiquement des adversaires. Et il est sans doute encore plus raisonnable de les rallier ou de les neutraliser, à l'heure du triomphe, en s'abstenant de leur faire des misères. Mais il est tout à fait déraisonnable, il est proprement démentiel de tourmenter *des vaincus avec lesquels tôt ou tard il faudra de nouveau compter.*

À la minute même où le petit monsieur m'annonça que j'allais vivre (et finir ma vie au bagne, mais cela c'était tout à fait incroyable), je compris que, dans mon cas du moins, l'épuration était ratée. « Les seuls vainqueurs, explique l'Hector de Giraudoux, sont ceux qui ont encore leurs yeux pour voir le soleil. »

Dès cette minute, il était clair que, dès ma levée d'écrou, je récidiverais. Non point — je me hâte de le dire — par ressentiment : cette longue détention m'a plutôt flatté qu'aigri. Et point, non plus, dans l'espoir tout à fait utopique de dissiper les ténèbres contemporaines. Simplement parce que je suis ainsi fait qu'à la longue j'en arrive à ne plus pouvoir supporter d'entendre rabâcher que la terre est plate et que j'éprouve l'irrésistible besoin d'affirmer qu'elle est ronde.

Or c'est cela, la démocratie : le rabâchage tenace d'un copieux assortiment de contre-vérités. C'est de cela que la France s'alimente depuis près de deux siècles. C'est de cela qu'elle a fini par se pénétrer à force d'entendre les pontifes présenter comme des évidences ce que rejetterait le simple bon sens d'un gamin de dix ans ou d'un « bon » sauvage.

Des contre-vérités de base — celles des immortels principes — découlent au surplus, tout naturellement, d'autres contre-vérités circonstancielles que leur actualité rend encore moins comestibles mais qu'il faut avaler en vrac avec tout le reste. Car les mythomanes ne font pas le détail. Du même souffle, ils nous assènent que les triangles ont quatre angles, que de Gaulle est intelligent, que les hommes sont naturellement bons, que Paris s'est libéré tout seul, que les Russes protègent la Hongrie, que les Boches ont la tête carrée, qu'un cannibale vaut bien un Breton, que le parlement est une auguste institution, que les Anglais sont nos amis, que la gué-guerre de 39 était indispensable et qu'une majorité d'imbéciles a toujours raison.

Je sais qu'on peut fort bien vivre et faire carrière en s'abstenant de réfuter ces épaisses menteries, en feignant d'ignorer les faux et usages de faux dont les rigolos de la démocratie tirent un si grand profit. Mais ces rigolos sont si cocassement décontenancés, si joliment exaspérés dès qu'on leur réplique que la terre est ronde, que, bien avant la guerre, j'avais pris l'habitude de m'offrir chaque semaine, dans Je Suis Partout ce divertissement subversif. Et, ma foi, lorsqu'on a pris pareille habitude, on persévère. Je persévérai donc pendant l'occupation : quoiqu'en pussent dire les intrépides combattants radiophoniques de la B.B.C., la présence des Allemands à Paris ne conférait aucune véracité aux contre-vérités. La terre était toujours ronde, l'élection toujours néfaste, M. de Gaulle toujours demeuré, les hommes toujours inégaux, et les bolcheviks toujours dotés du numéro un dans la hiérarchie des périls, ces bolcheviks dont — soit dit en passant — les jobards de la gauche ne découvrent qu'aujourd'hui, au lendemain des carnages de Budapest ; la malfaisance, que nous flétrissions, nous, lorsque la Résistance les couvrait de fleurs et que Roosevelt leur livrait l'Europe. Parce que hier comme aujourd'hui c'était très exactement la même ignominie avec laquelle aucun honnête homme ne peut composer...

Ensuite, bien sûr, lorsque les efforts conjugués des bombardiers U.S. et des fantassins U.R.S.S. eurent restauré les amateurs de phantasmes dans leur mandarinat parisien, je fus, avec beaucoup d'autres ingénus, sévèrement châtié. Mais point convaincu pour autant que la terre est plate, de plus en plus convaincu qu'elle est ronde, et bien résolu à le répéter dès ma sortie de prison.

Je dois dire que lorsque cet événement faste finit par se produire, la conjoncture était telle qu'il semblait presque superflu d'accabler les nouveaux messieurs. Ils s'accablaient d'eux-mêmes.

J'avais quitté en août 1944 une France privée de transports, de gaz, d'électricité, de téléphones et de service postal. Je retrouvais en août 1953 une France privée de transports, de gaz, d'électricité, de téléphones et de service postal. Rien en somme de changé, en neuf ans, au décor de la vie. Avec, toutefois, cette différence que ce qui était, en 1944, la conséquence normale d'une guerre planétaire était, en 1953, l'effet d'une grève, désastre artificiel gratuitement préfabriqué par les farfelus des autos à cocardes.

J'avais quitté une France, la France du Maréchal qui, outre l'amorce d'un redressement spirituel, avait sauvegardé, dans la défaite, l'essentiel du patrimoine national et préservé la valeur du franc bien qu'elle fût contrainte de verser à l'occupant cinq cents millions par jour. Je retrouvais une France, la France issue de la Résistance, qui ne payait plus aux Allemands cinq cents millions par jour, qui empochait par contre cinq cents millions par jour des Américains et qui, dans la victoire, n'en avait pas moins tronçonné cinq ou six fois la monnaie, qui s'était gardée de relever ses ruines, d'acheter des machines, de se refaire une armée, qui se préparait allègrement à fourguer l'empire et s'ébrouait avec une sereine suffisance dans un gâchis déshonorant.

Dès lors, puisque ce pays semblait s'accommoder de cette sanie, à quoi bon s'indigner, à quoi bon discuter ? Il ne manquait pas de gens pour me conseiller l'abstention. En premier lieu, des bien-pensants si de ces inimitables bien-pensants qui furent si joliment maréchalistes en 40 et si finement gaullistes en 44, qui mettent un si bel acharnement à toujours se renier, à toujours se rallier, à toujours trembler que les gesticulations des énergumènes de la droite ne les compromettent, à toujours réserver l'exclusivité de leurs sourires et de leurs enveloppes à leurs pires ennemis. Ces gens-là voulaient à tout prix que je me fisse oublier. Et ils ajoutaient :

— Surtout, ne dites pas que vous sortez de prison. C'est très mal vu dans la bonne société. Les baronnes résistantes du réseau Rumpelmeyer ont horreur de ça. Elles ne vous le pardonneraient pas. Et puis, à quoi bon remuer toutes ces vieilleries ? Le passé est mort, pas vrai ? C'est vers l'avenir, vers le constructif qu'il faut se tourner, en rendant inlassablement hommage aux résistants du dernier bateau, en collaborant sans arrière-pensée avec les hommes de bonne volonté que le suffrage universel a mis à la tête du pays. Et d'ailleurs les choses vont-elles si mal ? Les Russes ne sont tout de même pas à Strasbourg, pour le spirituel nous avons Antoine Pinay et Billy Graham, et l'Esso Standard vient de faire une hausse bien consolante. Alors, de quoi se plaint-on ? Pour l'amour de Dieu, tenez-vous tranquille. Surtout, pas de vagues.

Pour des raisons bien différentes, un de mes grands amis — le polémiste le plus doué de ce temps — me conseillait, lui aussi l'abstention :

— Voyons, tu ne vas pas recommencer à te salir les mains dans cette sordide bagarre. Polémiquer ? Avec qui ? À quoi bon ? Mais elle est morte, la polémique. Les gens de la IVe l'ont tuée. Regarde un peu leurs gueules. Impossible d'accoler des adjectifs à ces gens-là : les adjectifs les plus forts seraient trop faibles. Pour démantibuler ces pitres, inutile de les injurier, il suffit de les décrire, de les photographier et de reproduire sténographiquement leurs propos. Rien de plus accablant. La réalité propre de ces individus les anéantit...

Voire. Suffit-il vraiment, pour discréditer des grotesques, de les laisser gesticuler en silence, de les laisser mentir en silence ? Ce serait faire une part bien belle à ce fameux sens critique du peuple le plus spirituel dont on peut se demander ce qu'il en subsiste après tant de décades d'intoxication. Prenons un petit exemple : il n'y a guère longtemps, mû par son zèle fellagha, M. Mendès a proclamé avec un aplomb fantastique :

— Jamais une armée régulière n'est venue à bout d'une insurrection nationale.

À la suite de quoi, que croyez-vous qui se soit passé ? Rien. Je veux dire que le sol ne s'est point entrouvert, que le ciel ne s'est point enténébré, que M. Mendès a conservé la stupéfiante audience dont il jouit au sein de la « bourgeoisie intelligente. » L'affirmation du Superman est pourtant le type même de la contre-vérité insoutenable. Quelle contre-vérité, d'ailleurs serait plus insoutenable ? Vingt siècles d'histoire en hurlent l'absurdité et les plus cancres des potaches savent que, contrairement à ce qu'affirme M. Mendès, c'est presque toujours, — d'Alésia à Budapest — l'armée régulière qui triomphe de l'insurrection. Sauf, évidemment, si l'armée régulière est battue sur un autre champ de bataille, comme celle de Napoléon qui perdit l'Espagne sur la Bérésina, ou si l'armée régulière est au service d'un gouvernement qui n'a pas envie de vaincre, comme ce fut le cas de notre armée d'Indochine.

Mais qui prit la peine de plonger le nez de M. Mendès dans sa grosse saleté ? Personne, bien sûr, à la radio, personne au parlement, personne dans la masse compacte de la presse rampante. Personne, sauf un franc-tireur du journalisme qui accabla M. Mendès sous le poids d'un manuel d'histoire pour la classe de sixième. Sans écorner, j'en conviens le crédit du personnage. Mais du moins ce polémiste isolé avait-il sauvé l'honneur.

C'est dans cet ambitieux dessein, pour tâcher moi aussi de sauver un petit peu l'honneur, et aussi par fidélité pour les camarades d'infortune qui n'ont pas renoncé à leur idéal, que sitôt franchies les grilles du bagne, je me suis senti, en dépit de tous les conseils adverses, une furieuse démangeaison de recommencer à imprimer que la terre est ronde. C'est à dire de recommencer à polémiquer. Puisque c'est cela aujourd'hui, la polémique : le retour aux truismes.

Mais matériellement, ça n'était pas commode. Pendant que j'expiais mes crimes, les porteurs de brassards des lendemains qui chantent avaient pris leurs précautions ; ils ne s'étaient pas contentés de scalper les demoiselles sur les places publiques, ils avaient, par surcroît, raflé les imprimeries, toutes les imprimeries, colonisé les journaux, tous les journaux. N'était-ce point d'ailleurs la sagesse même ? Comment l'imposture se fût-elle perpétuée sans cette razzia qui supprime toute velléité de controverse ? En mon absence, la presse française s'était faite monolithique. Car de l'Huma au Figaro, en dépit des escarmouches de parade dont on amuse le public, dès qu'il s'agit de l'essentiel, c'est-à-dire de la conservation des dépouilles, on se retrouve au coude à coude. Et sur tous les bastions de la presse-râflée, des guetteurs attendent l'hérétique, l'escopette au poing. Il fallait beaucoup moins de quartiers de noblesse pour souper avec le roi-soleil qu'il ne faut de quartiers de résistance, dans un quotidien-issu, pour être admis à l'ineffable honneur de décrire le trépas d'un chien écrasé.

Mon cas eût donc été désespéré, j'eusse été condamné à remâcher silencieusement mes impertinences s'il n'y avait eu Rivarol. Mais il y avait Rivarol. Le miracle de Rivarol. Le miracle d'un hebdomadaire maudit, créé dans un dénuement héroïque par une petite équipe d'irréductibles qui dressaient leur allègre insolence, seuls, tout seuls, face à la meute hargneuse des nantis. Bien avant que je fusse libéré, ces vaillants avaient recommencé à imprimer que la terre est ronde. Et comme j'avais envie de le dire aussi, ils m'accueillirent avec une fraternelle gentillesse. D'où les textes blasphématoires que l'on va lire.

À qui les offrirais-je sinon aux chers complices qui m'ont permis de les écrire ?

P.-A. C. novembre 1956

En guise d'introduction :

Et les autres ?

> *Je tiens à reproduire, en tête de ce recueil, et sans y changer une virgule, l'article qui marqua ma rentrée dans le journalisme. Car bien que trois années se soient écoulées, cet article demeure tristement actuel. Sans doute la République a-t-elle lâché, depuis, plusieurs centaines de ses captifs. Mais elle s'est gardée de les libérer tous. Ce geste d'élémentaire équité — ne parlons pas de « clémence » — elle ne se résigne pas à le faire. Il semble qu'elle éprouve le besoin physique de maintenir en prison ne serait-ce qu'un échantillonnage de réprouvés qui sont, si l'on ose dire, la justification de son rôle historique. Combien de temps encore le confort intellectuel des messieurs-issus exigera-t-il que la Maison Centrale d'Eysses soit peuplée de collabos sans relations ?*

Le premier article que j'écris librement, dans un journal libre, moi qui ne suis plus en prison, pour qui serait-il sinon pour ceux qui sont toujours en prison ? Car il y a toujours des gens en prison. J'entends des gens que l'on a accablés des rigueurs élastiques de l'article 75, des traîtres, intelligents avec l'ennemi. Pas beaucoup, bien sûr, un millier tout au plus. Mais si peu qu'ils soient ils existent. Et pour chacun d'eux, la tragédie intime est à l'échelle du monde.

Les Français l'ignorent. Depuis que la République s'est lassée de m'héberger, je sème la stupéfaction dans mon sillage :

« *Vous sortez de prison ? Il y a encore des collabos en prison ? Pas possible !* »

C'est possible.

Plût au ciel que Jacques Benoist-Méchin et moi-même — je parle de nous puisque nous avons fait l'un et l'autre l'objet de communiqués officiels fussions les derniers libérés de l'épuration. Mais il y a les autres, ceux dont personne ne parlera le jour de leur sortie, les obscurs, les sans-grade, les oubliés, le résidu.

La thèse officielle, c'est que ces laissés pour compte sont les grands coupables, qu'ils sont en tout cas, de bien plus grands coupables que les un petit peu moins grands coupables dont une justice pointilleuse a finement échelonné les libérations en dosant au quart de semaine l'étendue du châtiment adéquat à leurs forfaits.

Cette thèse-là est burlesque. Et je rougis pour les maîtres de ce pays d'avoir à la réfuter. Car il est inconcevable qu'ils puissent y croire un seul instant. Trop d'évidences s'y opposent. Je sais un peu trop, pour ma part, comment les choses se sont passées, pendant mes huit années de bagne, avec quelle aimable fantaisie nous avons fait l'objet de mesures de « clémence » qui tombaient au petit bonheur la chance — comme auparavant les condamnations — selon qu'on avait de la veine ou des relations, sans qu'il fût possible de rien distinguer dans cette loterie qui ressemblât à un souci d'équité cohérente.

Certains, parmi les premiers libérés, se sont autorisés de cette hiérarchie du hasard pour se convaincre qu'ils étaient effectivement plus innocents, ou, si l'on veut, moins « coupables » que ceux qui restaient. Je veux bien. Mais si j'accepte volontiers d'être plus « coupable », moi, simple journaliste, que tel ministre libéré depuis plusieurs années (et qui finit par se prendre de ce fait pour un héros de la résistance), je me refuse, par contre à jouer le même jeu avec les mille pauvres bougres du résidu. Si culpabilité il y a (moi, ce mot me ferait plutôt rire), je suis sans aucun doute plus « coupable » que ces gens-là, et puisque je suis dehors, il est monstrueux qu'ils soient dedans.

Ces pauvres diables qui poursuivent actuellement leur expiation à Eysses, à Oermingen, à Casabianda, je les connais presque tous, je sais ce qu'ils sont, ce qu'ils valent. Il y a parmi eux des mauvais garçons et des garçons magnifiques, des garçons médiocres et des garçons brillants. Il y a des miliciens, des gestapistes, des P.P.F., des policiers. Il y a des patriotes ombrageux et des traîtres authentiques, des héros du front de l'Est et des dénonciateurs de village. Il y a le meilleur et le pire. Mais dans cet assemblage hétéroclite, rien qui ressemble à une hiérarchie dans la culpabilité. Au début de l'épuration, dans les prisons surpeuplées par les libérateurs, l'assemblage était tout aussi hétéroclite. Ce n'est pas la qualité qui s'est modifiée, c'est la quantité. Il ne reste plus beaucoup de monde dans les bagnes de la démocratie française, mais ceux qui y restent ne sont ni plus ni moins « coupables » que ceux qui ont retrouvé la liberté au cours des cinq dernières années. Pour ceux qui restent, un seul dénominateur commun : le manque de chance, le manque de relations.

Même et surtout, dirai-je, en ce qui concerne les mauvais garçons. Car les mauvais garçons sont comme les bons garçons : ils ont ou ils n'ont pas de relations. Le premier détenu qui, à Clairvaux, bénéficia de la loi instaurant les libérations anticipées (il gagnait quatorze ans, un record), était un petit truand gestapiste nanti d'une jolie brochette de condamnations antérieures et qui répétait volontiers :

« Moi, la politique, je m'en tape, ce qui m'intéresse, c'est la jonquaille. »

Rebatet et moi le vîmes partir sans jalousie, sans non plus parvenir à nous convaincre qu'il était moins « coupable » que nous. Mais le petit truand connaissait très bien un ministre.

Le coup était régulier.

Sur un diptyque qui symboliserait l'épuration, je verrais assez bien en regard du petit truand, le cas du « chef » La Guillaumette. La Guillaumette (c'est, on le pense bien, un nom factice) était un petit bonhomme malingre qui avait fait carrière dans l'armée sans jamais parvenir à dépasser le grade de caporal. Rejeté par la défaite dans la vie civile, il finit par échouer à la milice de Paris où on lui donna l'équivalence de son grade (chef de main) et un poste de garçon de bureau. Pendant trois mois, La Guillaumette fit remplir des fiches : nom du visiteur, objet de la visite, etc.. En août 44, lorsque la milice quitta Paris, La Guillaumette avait si bonne conscience qu'il jugea superflu de s'expatrier. Que pouvait-on reprocher à un garçon de bureau ? On le lui fit bien voir en le passant à tabac et en le jetant dans un cul de basse-fosse.

Puis, lorsque commencèrent les grands procès de l'épuration, les libérateurs s'aperçurent avec consternation que leur échantillonnage de traîtres était incomplet. Ils avaient des gens de la rue Lauriston, ils avaient Paul Chack, Suarez et Brasillach, ils avaient des policiers, mais ils n'avaient pas un seul « chef » milicien. Fâcheuse lacune. De quoi aurait l'air la Cour de Justice sans miliciens à dévorer. C'est alors qu'un magistrat ingénieux découvrit qu'on avait La Guillaumette en réserve. Il était milicien, et il était « chef », chef de main.

Franc-Tireur pourrait tirer :

« Le chef milicien La Guillaumette va répondre de ses crimes. »

Ce qui fut fait. Le « chef » La Guillaumette fut proprement condamné à mort. Certes, on ne l'exécuta point, mais il n'en est pas moins resté plus de huit ans en prison. Ce coup-là aussi est régulier.

La Guillaumette n'avait absolument aucune relation.

Je ne prétends pas, bien sûr, que tous les gens du « résidu » soient tous aussi parfaitement innocents que l'infortuné La Guillaumette. Mais ils sont presque tous aussi tragiquement abandonnés. Sinon, ils seraient libres.

Et libres aussi seraient les mauvais garçons. Pour ces derniers — je plaide pour eux aussi, puisque les épurateurs nous ont systématiquement confondus, nous ont rendus, que nous le voulions ou non, solidaires — la situation s'aggrave du fait qu'au lieu d'avoir été condamnés, comme ils y auraient eu droit, par les Cours d'Assises, ils sont étiquetés « politiques. » Contrairement à ce qu'on imagine, c'est loin d'être un avantage. Voyez les statistiques judiciaires : il est tout à fait exceptionnel qu'un malfaiteur ordinaire reste neuf ans en prison ; il faut pour cela qu'il ait assassiné pour le moins toute sa famille. Par le jeu normal des grâces, des remises de peine, des libérations conditionnelles, un véritable condamné de droit commun doit, en principe, retrouver sa liberté — quitte à se refaire prendre ensuite pour un autre crime — bien avant neuf ans. Mais les épurateurs savaient ce qu'ils faisaient : ils ont maintenu en prison un certain nombre de truands-témoins, dépourvus de relations mais ployant sous de redoutables dossiers. Ce qui permettait de répondre, lorsqu'on demandait la libération de Maurras, de l'amiral de Laborde ou de Benoist-Méchin :

« Vous n'y pensez pas ! Après tout ce que ces « gens-là » ont fait !. »

L'époque de ces subtilités est révolue. Il n'y a plus, dans les prisons de la République, une seule de ces vedettes de la collaboration dont on prétendait justifier le maintien en détention, en les entourant de truands-témoins et d'une certaine figuration de pauvres bougres. Il ne reste plus que les truands-témoins et les pauvres bougres.

J'aimerais bien que l'on m'expliquât à quoi peut bien servir le prolongement de cette situation absurde. Et qui est-ce que cela peut bien amuser. La valeur de l'exemple ? Non, puisque le public ignore jusqu'à l'existence de cet exemple. Et ceux qui pouvaient se divertir — M. Sartre, entre autres, ou M. Claude Bourdet, ou M. Roger Stéphane, ou Mme Madeleine Jacob — de nous imaginer, Rebatet et moi, revêtus de bure, au fond d'un bagne, sont désormais privés de ce plaisir délicat. Je ne suppose tout de même pas que ce soit pour ces raffinés, une consolation suffisante de savoir que le milicien Tartempion de Chantecoucou-sur-Lignon continue, neuf ans après le triomphe de la démocratie, à confectionner des chaussons de lisière.

Il faut que le milicien Tartempion sorte lui aussi de prison. Et sans attendre. On n'a que trop attendu. L'Élysée n'est plus occupé par un Monsieur à la vindicte infatigable. Les efforts de ceux des membres du Conseil de la Magistrature qui sont parfaitement conscients de l'absurdité de cette situation, ne risquent plus d'être systématiquement contrariés. Mais puisque le septennat de M. Coty doit voir la fin du cauchemar, que ce ne soit pas en sept ans, ni en sept mois, ni même en sept jours. Il ne faut pas sept minutes pour remettre en liberté des garçons qui, « coupables » ou non, n'ont que trop payé.

◁o▷

APRÈS LE DÉLUGE

I

« AMI, ENTENDS-TU LE VOL LOURD... »

PITIÉ POUR LA RÉSISTANCE !

*A*UJOURD'HUI je commence un peu à m'y habituer. Mais au début ce fut dur. J'avais retrouvé la liberté dans les meilleures dispositions d'esprit. Complètement régénéré, complètement amendé par les méditations carcérales. Tout pénétré de l'énormité de mes crimes. Bien convaincu qu'il avait été sacrilège de s'opposer aux restaurateurs de la Démocratie. Sachant une bonne fois pour toutes que la Résistance était absolument sacrée. Honteux d'avoir pu mettre en doute, jadis, les vertus fulgurantes des preux libérateurs qui m'avaient incarcéré. Et bien décidé à ne plus jamais retomber dans d'aussi exécrables erreurs.

Or, le premier garçon qui prononça devant moi le nom du général de Gaulle me dit tout naturellement, comme une chose qui allait de soi :

« *Ce con de De Gaulle.* »

Je fus scandalisé.

D'abord parce que j'ai horreur des vocables grossiers.

Et surtout parce qu'il me paraissait inimaginable qu'on pût traiter avec une pareille désinvolture l'homme du 18 juin. D'autant que le garçon qui blasphémait ainsi n'était point un fasciste hitléro-nippon. C'était un médaillé de la Résistance.

Mais ça ne faisait que commencer. Depuis il ne s'est point passé de jour sans que j'entendisse dire — et dire par des gens qui avaient vécu les quatre années d'occupation dans l'attente mystique du sauveur bibiciste — exactement la même chose dans les mêmes termes. Jamais une fausse note. Jamais une protestation. L'épithète s'impose à ce point qu'elle a fini par se souder au patronyme et que des gens qui châtient habituellement leur langage sacrifient à la vulgarité par souci d'exactitude.

On pourrait s'étonner sans doute, que l'on continuât à tenir pour exemplaire l'initiative prise le 18 juin par un personnage dont on admet si communément la débilité mentale. Mais mon intention n'est point de relever cette contradiction, ni de me lancer dans des développements subversifs. Je le répète : je suis amendé. Je me borne à enregistrer des propos dont je demeure choqué.

Je constate aussi avec un chagrin sincère que l'homme qui vient tout de suite après De Gaulle dans la hiérarchie de la Résistance n'est pas, dans le clan des vainqueurs, en bien meilleure posture. J'ai eu sous les yeux en son temps un long reportage du magazine anglais *Tribune* qui portait pour titre :

« *The most hated man in France.* »

Il ne s'agissait plus ici de déficience intellectuelle, il s'agissait de haine. Et « l'homme le plus haï » c'était M. Georges Bidault, c'était le président de ce glorieux C.N.R. en qui s'incarnait, aux heures noires, l'espérance des patriotes. Sans doute le jugement du magazine anglais était-il excessif. Mais pendant la guerre d'Indochine M. Vallon n'hésitait pas à accuser M. Bidault de « forfaiture », M. Bourdet écrivait qu'il dirigeait le « parti du crime » et M. Mauriac expliquait aux lecteurs de l'*Express* que ce ministre des Affaires étrangères était un traître. Des centaines de parlementaires pensaient de même, des douzaines de journaux ont imprimé ces aménités.

Encore une fois, je m'abstiens d'adhérer à un pareil point de vue. Je constate ce que disent des masses de Français qui ne sont ni des repris de cours de justice ni des indignes nationaux.

Je constate que, pendant son septennat, lorsque M. Vincent Auriol, premier président de la IVe issue de la Résistance, paraissait sur les écrans, l'hilarité était générale. Et que lorsqu'on évoque Monsieur Paul ou Madame Jacqueline, la malveillance ne l'est pas moins. J'en suis froissé, je l'avoue. Dans mon éthique à moi ni César, ni sa femme, ni son fils, ni sa bru ne doivent être soupçonnés.

Je constate avec non moins de peine, que dès qu'il est question de M. Gouin, qui présida l'Assemblée d'Alger — cette première incarnation législative de la Résistance, cet éminent aréopage d'irréprochables Solons — les gens ont tout de suite un drôle d'air pour vous parler d'histoires de vin auxquelles, pour ma part, je ne comprends goutte.

Je constate avec douleur qu'il fut un temps où M. Pleven, qui figure sur toutes les photos du Comité de Londres, qui est donc un des prioritaires immaculés de la Résistance, ne pouvait plus se montrer en public sans recevoir des gifles, ni déclencher des tempêtes d'imprécations.

Je constate avec gêne que M. Laniel, photographié lui aussi aux côtés du Premier Résistant de France, sur les Champs-Élysées, au moment de la parade d'inauguration libératoire, est caricaturé par le *Canard Enchaîné* avec une tête de bœuf et qu'avant d'être renversé, il se faisait donner des coups de pied dans les tibias lorsqu'il avait l'imprudence de retourner sur les mêmes Champs-Élysées sans protection policière suffisante.

Je constate — c'est tout à fait choquant — que le Grand Chancelier de l'Ordre de la Libération, l'intrépide et pieux amiral-moine Thierry d'Argenlieu a été dénoncé par M. Émile Roche, président du Conseil économique, comme le « premier responsable » des désastres d'Indochine.

Je constate que s'il est l'idole des Jacobins de Passy, M. Mendès-France héros breveté des F.F.L. est, par contre, tenu par des millions de citoyens pour responsable de la désagrégation de l'empire et couramment assimilé à un épouvantable fléau.

Je constate, en écrasant une larme furtive, que les communistes qui furent la chair et l'âme de la Résistance sont maintenant considérés comme des ennemis publics par la majorité des Français. Je constate qu'on a mis en prison — pas longtemps bien sûr — le chef du parti, M. Duclos, et le rédacteur en chef du journal du parti, M. Stil. Si peu que ces intéressants personnages soient restés sous les verrous, c'est la preuve que leur activité était jugée criminelle par un gouvernement qui n'était point composé, que je sache, de fascistes ou de nazis. Et au sein même du parti, on met énormément d'insistance à nous convaincre que les résistants Marty, Tillon et Lecœur sont décidément des pas grand chose et des vade-la-gueule.

Je constate que les compagnons de route des camarades-cocos, les chers progressistes qui furent eux aussi à la pointe des combats clandestins ne valent guère mieux au regard de l'opinion et au regard de la loi. Il a fallu toute l'obligeante insistance de M. Mitterand pour que M. d'Astier de la Vigerie, directeur de *Libération*, échappât aux foudres du tribunal des fuites. Quant à MM. Claude Bourdet et Roger Stéphane qui opèrent dans les mêmes eaux, ils ont eu un petit peu moins de chance : l'un et l'autre ont été incarcérés. Le premier pendant quelques heures, le second pendant quelques jours. Ce qui est dérisoire, évidemment, pour des citoyens du tout venant, mais énorme pour des citoyens de premier choix que les grands cordons maquisards mettent au-dessus des lois. Fallait-il que l'intelligence avec l'ennemi de ces pontifes fût éclatante pour que les magistrats de la IVe se fussent résignés à leur montrer — ne serait-ce que pour une vision fugitive — l'intérieur des prisons de Fresnes ! Encore une fois je n'exprime pas une opinion, j'enregistre des décisions prises par des juges d'instruction républicains.

Du côté des grands penseurs de la Résistance intellectuelle, c'est encore plus consternant. Voyez comment M. Jean Paulhan a déculotté ses ex-camarades de réseau dans sa « *Lettre aux Directeurs de la Résistance.* » Voyez avec quelle assurance le maréchal Juin a expliqué en pleine Académie que M. François Mauriac était un voyou. Voyez comment avant de se réconcilier avec lui, l'*Huma* a traité M. Sartre « d'intellectuel-flic. » Et comment M. Sartre a traité M. Camus de pauvre idiot.

Dans ce tour d'horizon des figures de proue, je n'aurai pas le mauvais goût d'évoquer de Récy ou Dordain, ou Guingouin, ou quelques autres indélicats de moindre relief. Les causes les plus nobles ont leurs abcès purulents. Ces abcès de la France ne prouvent rien contre la Résistance. Ou plutôt ils ne tireraient pas à conséquence si les grands chefs conservaient un prestige intact. Or que reste-t-il de ce prestige après douze années de lendemains chantants ?

« *Il se forme*, gémissait récemment un certain M. Hertz dans Franc-Tireur, *des cabales et des bandes pour les insulter et les renier (les résistants) chaque jour davantage.* »

Et M. Rémy Roure de déplorer, lui aussi, que le pyjama rayé soit à ce point passé de mode.

Mes éminents confrères-issus ne me croiront pas, bien sûr, si je leur dis que, dans une certaine mesure, je partage leur indignation. Mais je le leur dis tout de même.

D'abord parce qu'il est toujours choquant de voir un peuple renier ses idoles. Ne serait-ce que par simple pudeur, les fanatiques 40-44 de M. de Gaulle devraient nous laisser, à nous, le monopole des sarcasmes et s'abstenir de rabâcher que leur sauveur est un grand imbécile.

Et ensuite parce que ce discrédit général dans lequel ont chu les inventeurs et les animateurs de la Résistance rejaillit de la façon la plus injuste sur l'ensemble d'un mouvement qui comptait tout de même pas mal de braves garçons.

Pour ma part, bien que je n'évolue guère dans ces eaux-là, j'en connais au moins deux ou trois. Je pense surtout à mon ami Jacques Perret qui est vraiment l'homme le plus estimable, le plus respectable que l'on puisse imaginer.

Perret, « caporal épinglé », s'est évadé quatre fois de son stalag.

Pas seulement pour retrouver sa famille.

Pour reprendre le combat. Il voulait à tout prix bouter le Boche hors de France. Il s'interdisait de voir, au-delà de ce point de départ, ce que nous, nous apercevions clairement : la démocratie, le bolchevisme. Mais c'était son idée. Je ne la discuterai pas. Dès qu'il eut enfin réussi à fausser compagnie à ses gardiens, Perret gagna aussitôt un maquis où l'on ne se contentait pas de tondre des femmes et de piller les bureaux de tabac, où l'on se battait vraiment. Tout cela me paraît autrement honorable que le découpage des tickets de métro en V qui fut, dans la plupart des cas, la plus grande des audaces que se sont autorisées ceux qui nous infligent aujourd'hui des leçons de patriotisme. Plus honorable que la résistance de M. Sartre qui donnait la comédie aux Allemands. Plus honorable que la résistance de M. Cayatte qui fabriquait des scénarios pour l'hitlérienne « Continental. »

Et la preuve que la résistance de Jacques Perret fut vraiment tout à fait honorable et d'une irréprochable authenticité, c'est que le « caporal épinglé » a terminé la campagne avec le grade de sergent.

Sergent !

Vous vous rendez compte !

Alors qu'il lui suffisait de dévaliser, comme tout le monde, une boutique de passementerie pour devenir colonel.

Grâce à quoi, je suis fier d'être l'ami du sergent maquisard Jacques Perret.

Mais tout en l'admirant je le plains. Je le plains d'avoir risqué sa vie pour une cause dont les grands chefs sont, à tort ou à raison (moi, je ne juge pas), si universellement décriés. Et je suis révolté qu'on puisse confondre des garçons comme Jacques Perret avec des gens dont on dit si communément (pas nous, les Français dans leur ensemble) qu'ils sont stupides ou incapables, ou traîtres ou corrompus.

Ces garçons valent tout de même mieux que ça.

Ils ne méritent pas qu'on les assimile au Premier résistant de France, ou au Premier Président de la République Quatrième, ou au Président du C.N.R. ou au Grand Chancelier de l'Ordre de la Libération, ou au ministre de la Guerre des cuvettes, ou au déserteur hémiplégique du P.C. ou au naufrageur de l'Empire, ou aux intellectuels de l'affaire des fuites.

Mais ces choses, après tout, regardent d'abord les honnêtes garçons de la Résistance que leurs chefs discréditent en vrac.

C'est à eux de jeter ces chefs par-dessus bord.

Et il sera plus aisé ensuite — si jamais cela se fait — de parler de la Résistance non plus avec compassion mais avec équité.

LES FAUX VRAIS ET LES VRAIS FAUX

*I*L y avait une fois à Lavit-de-Lomagne (Tarn-et-Garonne) un notaire qui s'appelait Me Dumas. Le 15 mars 1945 (sept mois donc après le départ des Allemands), cinq hommes armés arrivent en auto chez ledit notaire.

— Nous venons, expliquent-ils, perquisitionner au nom de la Résistance.

Et ils ajoutent, très classiquement :

— Où sont les bijoux ?

Le notaire montre peu d'empressement. Pour lui apprendre à demeurer dans le courant de l'histoire, les cinq braves lui mettent son compte de plomb dans la tête.

Fin du notaire.

Tout cela, évidemment, ne serait pas bien grave et serait même une de ces actions héroïques que l'on donne en exemple aux enfants des écoles (et qui font dire à M. André Rousseaux que les hommes du maquis se situent sur le même plan que les croisés ou les soldats de l'An II) si l'on avait pu démontrer que Me Dumas avait collaboré. Ne serait-ce qu'un tout petit peu. En adhérant par exemple à la Légion des Combattants. Ou en ayant dans sa salle à manger le portrait du Maréchal. Ou en indiquant son chemin à un militaire vert de gris.

Rien de semblable, hélas !

Tout ce qu'on peut relever contre le défunt, c'est que, peu de temps avant sa mort, il avait fait arrêter un de ses assassins nommé Alvarez qui avait volé un ciboire à l'église de Lavit. Et certes, cette initiative était bien présomptueuse. Car comment affirmer, *a priori*, que le voleur de ciboire n'avait pas en vue la libération du territoire ? Mais, en définitive, il paraît que ça n'était pas le cas. De sorte que, même en s'en tenant à la pointilleuse éthique patriotique de Mme Madeleine Jacob, Me Dumas pouvait être autorisé à conserver sa vie et ses bijoux.

Or, on s'est tout de même décidé — avec énormément de retard, bien sûr — à faire des misères juridiques aux exécuteurs du notaire, ou du moins à celui qui semble avoir été leur chef, un Espagnol de l'armée (républicaine) en déroute, appelé Villadiel.

Le compte rendu de cette affaire était titré en gros caractères par le « *Figaro* » :

« *L'assassinat par de* FAUX *résistants du notaire Dumas.* »

On lisait l'article qui relatait en substance ce que je viens de dire, et l'on arrivait ainsi aux lignes de conclusion :

« *Xavier Jorda-Villadiel a été condamné à cinq ans de réclusion, mais la Cour l'a sur-le-champ amnistié en* RAISON DE SA PARTICIPATION À LA RÉSISTANCE. »

Voilà évidemment de quoi plonger les lecteurs de M. Pierre Brisson dans un abîme de perplexité dont toute la savante subtilité de M. Champagne aura eu du mal à les tirer. Car, en somme, si l'intrépide M. Villadiel a tué en qualité de faux résistant, c'est en qualité de vrai résistant qu'il a été amnistié. Dans ces conditions, comment le situer, et qu'est-il au juste ?

Un vrai faux résistant ?

Ou un faux vrai résistant ? Et faut-il conclure des décisions de la Cour d'Assises du Tarn-et-Garonne que le faux peut ne pas être seulement vraisemblable, mais vrai, purement et simplement ? Et réciproquement, que le vrai peut être authentiquement faux ? Les citoyens français se trouvent-ils autorisés par ce verdict qui ne manquera pas de faire jurisprudence à écouler de faux billets de 5.000 francs et à exiger que les commerçants les encaissent comme s'ils étaient vrais ? Et que penser désormais de ce « Salon du Faux » qu'a organisé à Paris le Préfet de police avec des toiles objectivement fausses que les impératifs de la conjoncture politique et du devenir historique peuvent très bien nous contraindre un jour à accepter comme subjectivement vraies ?

Il va de soi, d'ailleurs, que de pareilles contradictions ne peuvent embarrasser que les esprits demeurés dont je suis, c'est-à-dire les individus insuffisamment frottés de dialectique hégélienne. Aux « Deux Magots » et dans les antichambres de l'*Express* ou de *France-Observateur*, on sait depuis longtemps qu'il n'y a pas la moindre incompatibilité entre le vrai et le faux, que le cas du maquisard Villadiel ne heurte nullement la raison, qu'il se situe dans le droit fil du relativisme einsteinien, qu'il n'est, en somme, qu'une simple application des légitimes distinctions entre l'en soi et le pour soi.

Lorsque, par exemple, M. François Mauriac dédicaçait affectueusement son livre *La Pharisienne* au lieutenant Heller de la *Propaganda Staffel*, ou lorsque M. Claudel écrivait son « *Ode au Maréchal* » et conviait l'ambassadeur Otto Abetz au *Soulier de Satin*, ou lorsque M. Jean-Paul Sartre faisait jouer *les Mouches* et *Huis clos* devant des parterres feldgrau, ou lorsque M. Pierre Brisson louait Vichy de son statut des Juifs (*Figaro* 20-11-41), ou lorsque M. Francisque Gay écrivait le 7 avril 1944 une lettre destinée à la Gestapo pour affirmer son collaborationnisme et réprouver la résistance, ou lorsque M. Édouard Herriot adjurait ses collègues, le 9 juillet 1940, de voter pour Pétain, ou lorsque M. Vincent Auriol engageait les habitants de Muret à s'unir derrière le chef de l'État français, il est bien évident que ce n'étaient point là des actes de vraie résistance et que les intéressants personnages sus-énumérés se comportaient plutôt, dans ces circonstances bien déterminées — à l'instar de Villadiel butant son notaire — comme de faux résistants.

Et pourtant qui oserait prétendre que MM. Mauriac, Claudel, Sartre, Brisson, Gay, Herriot et Auriol ne sont pas de purs, de vrais, d'authentiques résistants ? Il leur a suffi de le proclamer en temps opportun (c'est-à-dire après le 32 août) et de le répéter avec assez d'obstination pour que tout le monde en soit convaincu. Ça n'était pas plus difficile que ça...

QUI FUT LE PREMIER ?

Il est un titre qui prête à contestation, c'est on le sait, le plus beau de tous les titres, celui de « premier résistant. » Jusqu'à la visite solennelle que fit à Paris S.M. Haïlé-Salassié, roi des rois et empereur d'Éthiopie, la compétition semblait se limiter à deux candidats également valeureux :

MM. de Gaulle (Charles) et Thorez (Maurice.) Mais lequel de ces deux grands Français était vraiment le premier résistant ? Celui qui avait déserté la France de Daladier ou celui qui avait déserté la France de Pétain ? L'ami de M. Staline, ou l'ami de M. Churchill ?

Douloureuse incertitude qui ne pouvait qu'assombrir l'âme de tous les vrais démocrates et qui sembla se dissiper le jour où le Négus fit son apparition dans la capitale française. Ce jour-là, en effet, le gouvernement de la république renvoya dos à dos les deux favoris, l'un à la littérature, l'autre à l'hémiplégie, en décernant la palme, de la façon la plus solennelle à l'*outsider* couronné.

Le texte de cette consécration — c'est celui de la citation qui accompagne l'octroi de la médaille militaire — est sans équivoque :

> « *Symbolisant le premier l'esprit de résistance qui, plus tard, fit se dresser les peuples injustement opprimés, il* (le négus) *ne cessa, jusque dans l'exil, de lutter pour la libération de son pays.* »

Ainsi se trouvent éliminés dans la course au N° 1 deux personnages éminents, certes, et bien sympathiques, mais dont la résistance apparaît un peu jeunette à côté de celle de l'Empereur d'Éthiopie.

Est-ce à dire pour cela qu'en défendant une civilisation noblement esclavagiste et gentiment cannibale contre la barbarie des Blancs d'Italie, S.M. Haïlé Sélassié a véritablement symbolisé LE PREMIER, l'esprit de résistance ?

Ce serait ramener l'histoire et la géographie à des proportions bien étriquées. Le petit-fils de la reine de Saba a eu, Dieu merci — sans quitter le cadre de l'Empire français, sans aller jusque chez nos amis héréditaires, évoquer les Cipayes, les Derviches et les Mau-Maus — quelques devanciers illustres qu'un gouvernement aussi épris que le nôtre de justice et de progrès se devrait de ne point rayer de son palmarès.

Abd-el-Kader en Algérie, Abd-el-Krim au Maroc, la reine Ranavalo à Madagascar, Behanzin au Dahomey, Samory en A.O.F. n'ont-ils pas eux aussi joliment symbolisé l'esprit de résistance ? N'ont-ils pas galvanisé des peuples injustement opprimés « avec une noblesse et un courage » qui — selon les propres termes de la citation du Négus — « soulèvent l'admiration de tous les hommes libres » ?

Il est sans doute malaisé aujourd'hui de réparer tout à fait l'injustice que les colonialistes français infligèrent à ces preux. La médaille militaire à titre posthume serait insuffisante. Reste le Panthéon. On ne comprendrait pas qu'après avoir accordé au roi des rois la décoration qu'elle a retirée à Pétain, la patrie reconnaissante n'accueillît pas dans le sanctuaire de ses grands hommes tous ceux qui luttèrent intrépidement contre les brutes militaires françaises.

Et j'espère qu'alors, après avoir honoré les chefs prestigieux, on n'oubliera pas les obscurs, les humbles, les sans-grade.

Plus spécialement les patriotes anonymes qui combinèrent si plaisamment la résistance, la gastronomie et la défense de la laïcité en croquant les missionnaires à belles dents.

Le tout serait couronné naturellement par un monument au *coloured* maquisard inconnu.

Celui, par exemple, qui a mangé Bougainville.

Il n'en est pas qui symbolise de façon plus réaliste l'esprit de résistance.

Que l'empereur Haïlé Sélassié se fasse une raison : il n'est pas le premier.

POUR DU BEURRE

Certes, nos grands ancêtres sans culottes se sont fait casser la tête pour qu'on inondât de lumière le cabinet noir du Roi-libertin, pour qu'on fracturât l'armoire de fer du Roi-serrurier, pour que la diplomatie se transportât sur la place publique. C'est là un des immortels principes, un des plus universellement admis. Mais cela n'a pas empêché sir Winston Churchill de piquer une grosse colère lorsque, conformément à cet immortel principe, les Américains ont publié les procès-verbaux des entretiens de Yalta. Sir Winston eût préféré que l'on attendît une bonne cinquantaine d'années avant de livrer à la curiosité publique les propos après boire des distingués charcutiers de la *World War N° II*.

On comprend sir Winston. Désormais le plus obtus des lecteurs de *France-Soir* ne peut plus ignorer que l'oncle Jo, l'oncle Franklin et l'oncle Winston n'étaient décidément pas — contrairement aux affirmations péremptoires de la Bibici vespérale des années de guerre — le Père Noël en trois personnes. Et même que ces paladins de la démocratie se comportèrent, entre six yeux, comme d'assez tristes sires, buvant à la santé des pelotons d'exécution, tranchant dans la chair vive des nations, bafouant le droit des peuples à disposer d'eux-mêmes, sans le moindre remords, sans le moindre scrupule. Si vilainement que le journal Combat, auquel je laisse bien entendu la responsabilité de ses propos sacrilèges, n'a pas hésité à écrire :

> « *Maintenant, ne rions plus ; on se prend à préférer, parfois, le cynisme avoué de Hitler.* »

Je ne suivrai évidemment pas notre confrère résistant sur un terrain aussi savonneux.

Je m'abstiendrai également d'insister sur l'opinion que les Trois Grands — pour une fois ils étaient merveilleusement d'accord — avaient les facultés intellectuelles de M. de Gaulle. Si l'on excepte M. Malraux, M. Palewski et une douzaine d'hurluberlus du même métal, cette opinion est aujourd'hui trop généralement admise en France pour que sa divulgation puisse choquer les plus ombrageux des patriotes.

Ce qui est plus pénible, c'est le jugement que nos trois grands alliés portent sur la résistance française. Comme il y a aujourd'hui, en France, quarante-trois millions d'anciens résistants, on pourrait penser qu'une masse aussi fantastique a apporté à la cause alliée une assistance inappréciable. Or MM. Staline, Roosevelt et Churchill (d'accord une fois de plus) en parlent très exactement comme si ça n'avait compté que pour du beurre.

Et tous trois également tombent d'accord sur le fait que, de tous les pays occupés, c'est la France qui a le moins souffert, sauf — ils le reconnaissent bien volontiers — du fait des bombardements alliés.

Je vois bien ce que de mauvais esprits qui ne seraient pas, comme moi, complètement régénérés par la démocratie tireraient de ces constatations. Ils ne manqueraient pas de prétendre vilainement que si la France a beaucoup moins souffert que les autres pays, c'est parce qu'elle avait le gouvernement du Maréchal.

À quoi les bons esprits rétorqueraient que si la France a été relativement bien traitée après la guerre, c'est en hommage à sa « résistance. »

Mais les mauvais esprits répondraient aussitôt que ce critérium n'a absolument pas compté dans la distribution des prix, que le pays dont les trois grands opposaient, dans leurs colloques, les vertus résistantes au manque de combativité des Français n'était autre que la Pologne et qu'on sait comment elle a été payée de ses peines et de ses souffrances : en étant jetée en pâture aux ogres bolcheviques. Que, par conséquent, l'important avait été de souffrir le moins possible pendant les années noires.

Sir Winston Churchill a d'ailleurs proclamé à Yalta, avec une désinvolture qui ira droit au cœur des mobilisés de 39, qu'il se fichait pas mal de la Pologne et des Polonais.

Moins brutalement Marcel Déat avait dit qu'il n'était peut-être pas absolument indispensable de mourir pour Dantzig.

Marcel Déat était un traître.

Sir Winston Churchill, lui, demeure une figure de proue.

Il y a à Paris une place Stalingrad et une station de métro Franklin D. Roosevelt. Et il y aura — dès qu'il consentira à trépasser — une avenue Churchill.

C'est tout.

II

Au delà du père Ubu

14 JUILLET 1954

Ce 14 juillet 1954 est le premier, depuis dix ans, que je fête (si j'ose dire) en dehors d'une prison.
Comme le disait si justement mon bon maître Victor Hugo :

« *Oui, la chute de cette Bastille, c'était la chute de toutes les bastilles... c'était l'écroulement de toutes les tyrannies. C'était l'éclosion de l'homme... Le 14 juillet a marqué la fin de tous les esclavages* [1]. »

Ces lignes de l'immortel pontife, c'est en prison que je les ai copiées. C'est seulement lorsqu'on est soi-même en prison qu'elles prennent toute leur saveur. À côté des géants de la pensée démocratique, quel est l'humoriste de profession qui supporte la comparaison ?

Cette année, pour l'anniversaire de la prise de la Bastille, je ne suis pas en prison.

Ou plus exactement, on a négligé de m'y remettre. Ce qui chagrine fort MM. Lecache, Bourdet et Debû-Bridel, ces personnalistes.

Mais Bardèche, lui, est en prison. Et c'est l'essentiel. La Démocratie française a besoin, pour s'épanouir, d'un contingent d'hérétiques emprisonnés.

La vertu de l'exemple : voyez ce qui vous arrivera si vous pensez mal.

J'ai cherché en vain dans toute la presse-issue que j'ai le triste devoir de lire chaque jour une seule ligne en faveur de Bardèche.

---

1. — Discours au Sénat, 3 juillet 1880.

Une seule ligne d'un honnête journaliste qui conviendrait honnêtement que, tout de même, dans ce cas précis, les gens du Système vont un peu fort. Mais tous les détenteurs de rubriques se sont tus. Cette iniquité-là ne les concerne pas. Et ils n'éprouvent même pas le besoin de s'en laver les mains. Peut-être ignorent-ils eux-mêmes qu'ils ont les mains sales.

❦

Les mains sales de M. Mauriac se sont jointes pour prier Dieu qu'on accorde une amnistie complète aux assassins de couleur.

Aux assassins des colons français.

À ceux-là seulement.

Pas à un écrivain français qui s'est permis de dire sur les monstruosités juridiques du procès de Nuremberg ce que cent juristes étrangers, neutres ou alliés, ont dit dans leurs pays respectifs sans soulever la moindre protestation.

Et pas d'amnistie non plus pour les malheureux pauvres bougres à peau blanche qui demeurent dans les prisons françaises le résidu de l'épuration.

Comme il est écrit à l'entrée du pont de Kehl, pour l'édification de tous ceux qui viennent en France :

« *Ici commence le pays de la liberté.* »

❦

Il est symbolique que la lettre de cachet qui prive Maurice Bardèche de sa liberté ait été rendue exécutoire à la veille du 14 juillet.

Ça me dispense de prendre les démocrates français au sérieux.

Il est vrai que je n'avais jamais eu cette tentation-là.

❦

À chacun des huit « quatorze juillet » que j'ai passés en prison, je me suis permis de soumettre mes gardiens au même petit test qui a donné invariablement les mêmes résultats.

Moi. — Tiens vous avez mis des drapeaux aux fenêtres !

Le maton. — Bien sûr, voyons.

Moi. — Qu'est-ce qui se passe donc ?

Le maton. — Vous vous foutez de moi. Vous n'allez pas me faire croire que vous ignorez que nous sommes le quatorze juillet.

Moi. — Je le sais bien. Mais vous, savez-vous ce que c'est que le quatorze juillet ?

Le maton. — La fête nationale, parbleu.

Moi. — Mais encore ?

Le maton. — Euh..., la fête nationale..., enfin..., oui..., la fête nationale...

Moi. — Mais plus spécialement, que célèbre-t-on ce jour-là ?

Le maton. — Euh... la liberté... enfin... quelque chose comme ça...

Moi. — Eh bien, je vais vous le dire ce que vous célébrez aujourd'hui avec vos drapeaux. Vous fêtez l'assassinat d'un directeur de prison qui s'appelait de Launay et l'égorgement d'un certain nombre d'agents de l'administration pénitentiaire. Vous pavoisez parce qu'on a massacré vos aînés. Ça n'est pas gentil. Ça n'est pas confraternel. Je comprendrais à la rigueur que les autres Français, surtout ceux qui ont des difficultés avec la justice, manifestent quelque allégresse. Mais vous autres ! Vous n'avez pas honte ?

Et chaque fois — huit années de suite — j'ai vu dans la prunelle de mes gardiens la même lueur de désarroi. Ils n'avaient jamais réfléchi au sens très précis de cette fête nationale. Ils n'avaient jamais soupçonné qu'ils célébraient leur propre anéantissement. Et cette découverte les consternait.

Mais comme je suis plutôt bienveillant de nature, je me hâtais de les rassurer.

— Allons ! ne vous frappez pas. De toute façon, c'est du bidon. Le 14 juillet a été pour votre corporation un malheureux accident. Mais sans lendemain. Il n'a jamais été sérieusement question de vous ôter le pain de la bouche. La preuve, c'est que je suis ici, moi qui ai mal pensé. Et que vous êtes payé pour m'empêcher d'être libre. Croyez-moi : il y a encore de beaux jours pour la pénitentiaire dans la démocratie française. Continuez, si ça vous amuse, à faire claquer vos drapeaux, à faire partir vos pétards. Ils ne signifient rien...

Pourtant, ils signifient quelque chose.

Ils ne signifient pas la fin des lettres de cachet.

Ils ne signifient pas que les Français sont libres de vivre en dehors de l'orthodoxie. Le sens de cette fête nationale est autre. C'est le symbole d'un choix, d'un parti pris, d'une préférence.

Ce n'est pas par hasard que le régime a décidé de se reconnaître dans cette journée-là dont toutes les circonstances sont en effet merveilleusement conformes à son style de vie.

Le 14 juillet, c'est le triomphe officiel de l'imposture, du mensonge et de la férocité.

On nous raconte que les vainqueurs de la Bastille furent des héros. En réalité la citadelle capitula sans combat (« *De Launay avait perdu la tête avant qu'on ne la lui coupât* », a écrit Rivarol) et la gloire des vainqueurs est aussi factice que celle d'autres insurgés parisiens plus récents que je n'ose désigner de peur qu'on me remette en prison.

On nous raconte que la chute de la Bastille marqua la fin des détentions arbitraires. Il y avait huit prisonniers à la Bastille, dont deux fous. Et la révolution, inaugurée le 14 juillet, déclencha des massacres sans précédent et fit jeter en prison des centaines de milliers d'innocents.

On nous raconte que c'est le « peuple » de Paris qui s'est insurgé ce jour-là. Mais tous les documents historiques nous montrent que les mutins étaient la lie de la population. Ils nous montrent aussi que, dès le lendemain de la victoire, les « anciens combattants » de la Bastille étaient dix fois plus nombreux qu'ils n'avaient été sous les murs de la forteresse. Ce phénomène de multiplication des libérateurs ne vous rappelle rien ?

Enfin, si l'exploit est militairement nul, et nul aussi (ou plutôt négatif) dans ses conséquences politiques et humanitaires, il s'accompagne d'actes de sauvagerie qui donnent la nausée. On avait promis la vie sauve aux défenseurs de la Bastille. Et tout de suite après on les massacre, on les coupe en morceaux, on promène leur viande hachée au bout des piques. C'est ce carnage bestial, cette explosion de cannibalisme que l'on célèbre tous les ans. Un régime qui aurait quelque pudeur rougirait du 14 juillet. On en fait la fête nationale. Ça n'est pas la mienne.

LES BONS TUEURS ET LES MAUVAIS

Les massacres d'Afrique du Nord auront eu, du moins, une conséquence réconfortante. Ils auront démontré à quel point les âmes généreuses qui s'identifient avec le Régime demeurent fermes dans leurs principes, inébranlables dans leurs convictions.

On eut pu craindre, en effet, que la vivisection de nos compatriotes (adultes ou enfants, hommes ou femmes, pour moi c'est tout aussi horrible) provoquât quelque flottement dans les cohortes compactes des personnalistes. Ne serait-ce que par pudeur. Mais, Dieu merci, ces gens ont tenu bon, ils ne se sont pas laissés entamer, ils ont sauvegardé l'essentiel qui est la distinction entre le terrorisme éventuellement bénéfique et le contre-terrorisme, phénomène fatalement haïssable.

L'étonnant, c'est que périodiquement, des écrivains de droite s'étonnent de cette distinction. Et s'en indignent. Comme si cette distinction était une nouveauté ! En prenant parti pour les tueurs de Français contre les Français qui ripostent, M. Mauriac et ses amis demeurent dans la plus pure orthodoxie démocratique. Ils ne font que suivre une tradition consacrée par tous les manuels d'histoire des lycées et collèges.

A priori, en effet, le terrorisme commande l'examen. Il lui arrive d'être gênant, mal inspiré, inopportun. Mais il peut aussi accélérer la marche inéluctable de l'histoire. Harmodius, Aristogiton et Brutus faisaient verser des larmes attendries aux lecteurs de la *Nouvelle Héloïse*.

Rien de tel avec le contre-terrorisme qui, par définition même, est le mal en soi, puisqu'il trahit chez ceux qui s'y livrent une absence de résignation, une méconnaissance du devoir et un dédain de la perfectibilité de la personne humaine qui les excluent automatiquement des circonstances atténuantes.

Et, certes, dans la longue série des règlements de comptes qui jalonnent notre histoire, il est souvent bien malaisé de s'y reconnaître, et de distinguer avec certitude si tel ou tel acte de violence est terroriste ou contre-terroriste, c'est-à-dire louable ou condamnable.

Brunehaut était-elle terroriste ou contre-terroriste ?

Et Simon de Montfort ? Et Montluc ?

Et le baron des Adrets ?

Et Henri III butant le Balafré (Scarface) ?

Et Jacques Clément butant Henri III sur sa chaise percée ?

La question ne se pose pas, par contre, dans l'affaire Étienne Marcel. Là, point de perplexité. Lorsqu'il refroidit le maréchal de Champagne et le maréchal de Normandie sous les yeux du Dauphin, Étienne Marcel commet un acte terroriste, donc légitime, et s'assure ainsi la reconnaissance de la postérité qui a donné son nom à une rue. Mais lorsque l'échevin Jean Maillart tue Étienne Marcel, il se comporte en atroce contre-terroriste. Il n'y aura jamais à Paris de rue Jean Maillart.

Toutefois, un cas aussi net est exceptionnel aux siècles d'obscurantisme. Il faut attendre que notre pays entre dans l'ère des lumières, c'est-à-dire 89, pour qu'aussitôt tout devienne clair et simple. La terreur n'est plus un expédient inavouable. C'est un procédé de gouvernement dont les plus hautes autorités proclament les vertus. On connaît sans équivoque les bons et les méchants. On sait que les terroristes sont des patriotes amis du peuple et que les contre-terroristes sont l'opprobre du genre humain. On sait qu'il est indispensable au salut de la France de promener les têtes de Berthier et de Foulon au bout des piques, d'exhiber le sexe mutilé de la princesse de Lamballe, de couper le cou du roi et de la reine, de décerveler en septembre 92 les pensionnaires des prisons, de fusiller les émigrés de Quiberon auxquels le loyal général Hoche avait promis la vie sauve.

Mais on sait aussi que le garde du corps Paris est inexcusable d'avoir si vilainement trucidé le régicide Le Peletier de Saint-Fargeau. Et pas plus qu'il n'y a de rue Jean Maillart, il n'y a nulle part de rue Charlotte Corday.

Des statues pour les Septembriseurs.

Pas de plaques bleues pour les contre-terroristes.

Ensuite, l'impulsion est donnée, et la même ségrégation s'établit de génération en génération. Qui reproche sérieusement aujourd'hui aux vaillants insurgés de 71 d'avoir dégringolé les généraux Thomas et Lecomte, puis les Dominicains d'Arcueil, puis l'archevêque de Paris, le curé de la Madeleine, le premier président de la Cour des Comptes, les cinquante otages de la rue Haxo, etc., etc. ?

C'était du terrorisme et il n'y avait donc pas de quoi fouetter un communard. Tandis que la répression versaillaise, elle, était contre-terroriste et le général de Galliffet en sera flétri jusqu'à la consommation des siècles...

De même, les miliciens de Darnand, qui avaient l'outrecuidance de lutter contre le terrorisme, n'ont pas la plus petite chance d'échapper à la flétrissure de l'histoire, alors qu'il est solidement établi que les « exécuteurs » terroristes de Philippe Henriot sont des assassins bien sympathiques et bien méritants.

Au surplus, quelle est notre fête nationale ? Le Quatorze-Juillet.

C'est-à-dire l'anniversaire d'un raid noblement terroriste mené avec une exceptionnelle férocité contre les gardiens réactionnaires d'une forteresse pratiquement désaffectée.

Dans ces conditions, l'étonnant serait que les gens du Système fussent sévères pour ceux qui, s'inspirant d'exemples aussi illustres, tirent sur les Français.

Et qu'ils ne fussent pas impitoyables pour les salauds de Français qui mettent un empressement insuffisant à se laisser égorger.

LE RÈGNE DE LA VERTU

*B*IEN sûr, lorsqu'une nation gémit dans les fers, il y a toutes sortes de choses très laides qui se perpétuent sans qu'on en sache rien. Mais qu'un vaste souffle démocratique balaie les ténèbres de la tyrannie et, tout de suite, on se sent pris de vertige devant les abîmes d'abjection où croupissaient les faux grands bonshommes qui avaient spolié le peuple de sa sacrée souveraineté.

C'est très exactement ce qui s'est passé en Argentine lorsque l'horrible Peron fut déboulonné par les vaillants sans-culottes de l'état-major et de l'épiscopat.

C'est ce qui s'est passé en Allemagne, lorsque le vilain petit monsieur à moustache se crématorisa dans son bunker. Et en Italie lorsque le vilain grand monsieur aux mâchoires carrées fut suspendu par les pieds à une pompe à essence.

Du coup, on apprit des choses atroces. Le vilain grand monsieur fréquentait une dénommée Clara qui, de ce fait, fut elle aussi trucidée par les héroïques *partisani*. Quant au vilain petit monsieur, il avait également une bonne amie et ce n'est point le mariage tardif — beaucoup trop tardif — célébré dans le bunker, qui pouvait faire pardonner des années d'un concubinage discret certes, mais moralement inadmissible. Eva fut conséquemment livrée, sur pellicule de 3 mm., à la verve séculière de M. Jean Marin qui n'eut point de peine à démontrer qu'un personnage (Adolf) qui n'hésitait pas à photographier une dame (Eva) en maillot de bain atteignait ainsi les derniers degrés de la perversion sexuelle.

C'est donc sans surprise aucune que nous avons enregistré les révélations de la presse mondiale sur les stupres de l'ex-président Juan Peron. Pouvait-il en être autrement ? Le plus mal dégrossi des disciples de Jean-Jacques Rousseau sait qu'en accédant au pouvoir personnel l'*homo sapiens* se dégrade automatiquement au point de perdre jusqu'à la notion de ce qui est socialement acceptable. Le dictateur (ou le monarque absolu) est un individu marginal et inadapté, hérissé de passions émotionnelles déviantes et qui s'installe dans l'aberration comme d'autres dans la norme. Toute chaleur humaine se retire de lui, son cœur prend la rigidité du silex et tous les mauvais instincts soudainement débridés affleurent tumultueusement.

Surtout les mauvais instincts sexuels.

Les pionniers de notre première libération (celle de 89) et leurs continuateurs, les prodigieux géants barbus de quarante-huit, connaissaient bien ce phénomène, encore que le vocabulaire freudien ne leur fût pas encore — et pour cause familier. Mais avec quelle superbe ces chastes ne flétrissaient-ils pas les orgies de l'« Autrichienne » et les débauches du « Bien-Aimé » ! Et tous les romantiques — ces versificateurs des droits de l'homme et du citoyen — de renchérir sur les vaticinations néo-romaines des Conventionnels. Ce que Hugo, qui fut un modèle de continence, ne pardonne point au François Ier du « *Roi s'amuse* », ce sont ses fredaines. Et si Musset, cet ascète, ce puritain, approuve si fort les coups de poignard de Lorenzaccio, ce n'est point tellement parce que le tyran piétine la personne humaine des Florentins, c'est parce qu'il a tendance à culbuter un peu trop souvent la personne humaine des Florentines. La bagatelle, voilà l'inexpiable !

Qui s'en étonnerait puisque, comme l'a si lumineusement démontré Montesquieu, la démocratie est le règne de la vertu ! Et l'on est bien excusable, lorsqu'on est soi-même rigidement vertueux, de juger avec sévérité ceux qui ne le sont pas. J'aime les accents qu'a su trouver le *Figaro* pour nous révéler les horribles détails de la vie privée du président Peron.

D'abord qu'il avait de l'argent, beaucoup d'argent, ce qui n'est jamais le cas des chefs d'État (ou de gouvernement) dans les libres démocraties, ni le cas d'aucun de leurs ministres.

Et ensuite que Peron insultait à la misère des *descamisados* en roulant en Cadillac, alors que M. Edgar Faure, M. Mollet, M. Mendès-France ou plus simplement M. Pierre Brisson vont, comme on le sait, à leur bureau en mobylette.

Enfin — et c'est là le pire, bien sûr — que le don Juan justicialiste avait un certain penchant pour des demoiselles qui n'étaient point fatalement contemporaines de Cécile Sorel ou de Mistinguett. Et qu'il avait même écrit à l'une d'elles de ne pas oublier le petit chien lorsqu'elle viendrait le retrouver au Paraguay.

Devant de pareilles monstruosités, on fait comme les employés de M. Pierre Brisson, on reste sans voix, on se voile la face, on remercie l'heureux destin qui, en nous comblant des bienfaits du scrutin de liste (ou du scrutin d'arrondissement, peu importe) et en nous dotant d'assemblées législatives que l'univers nous envie, nous préserve radicalement et à tout jamais de ces turpitudes.

Car nos grands hommes, à nous, ceux qui sont « bien de chez nous », bien intégrés dans le régime, il n'est pas pensable qu'on puisse jamais les soupçonner du moindre accroc au sixième et au neuvième commandement. Ils arrivent vierges au mariage et ils font ensuite l'édification des masses par leur fidélité conjugale et leur pudibonderie. Et ça n'est pas là l'un des moindres joyaux de la démocratie qui purifie tout ce qu'elle touche.

Certes, des censeurs atrabilaires prétendent le contraire. Il faut se garder de les croire. D'autant que les fables de ces malveillants ne sont même pas vraisemblables.

Vraisemblable le trépas élyséen de l'infortuné président Félix Faure !

Vraisemblable l'accident qui arracha le regretté Antonin Dubost, président du Sénat (en subsistance provisoire rue des Martyrs) à l'affection des vrais républicains ?

Vraisemblables les jappements bien innocents que poussait le vénéré Louis Barthou pour se donner une contenance rue Furstenberg ? Vraisemblables les transports de la « nuit du Quatre-Août » ?

Et tous les transports des messieurs-dames qui encombrent aujourd'hui, comme on dit, les avenues du pouvoir ?

Non, aucune de ces infâmes rumeurs ne peut être fondée. Les dictateurs seuls ont, par définition même, le monopole des incartades sexuelles. Et aussi le monopole de la réprobation que dispensent, en faisant bonne mesure, les prix Montyon qui rédigent la presse dure et pure issue de la résistance.

Il est donc heureux que Peron puisse servir d'ilote-lubrique et stimuler par son détestable exemple, l'horreur du vice chez les Spartiates de la Quatrième. Haro donc sur Peron ! Car, comme le disait feu Berthelot (qui s'y connaissait) :

« *La démocratie, c'est le droit pour les poux de dévorer les lions.* »

Que M. Pierre Brisson en profite.

LA PAILLE ET LES POUTRES

SE rappelle-t-on encore les désordres universitaires qui survinrent à Madrid au début de cet an 56 ? Et la joie épileptoïde des pontifes de la presse parisienne :

« *C'est le commencement de la fin !* » (Pour Franco, c'est toujours, depuis vingt ans, le commencement de la fin.)

Et surtout la superbe indignation des dits pontifes.

C'est que ces troubles avaient été provoqués par une entorse à la loi du nombre. Le gouvernement franquiste avait annulé l'élection des délégués universitaires et installé à la place des élus des hommes de sa convenance.

Ce qui était bien, en effet, l'abomination de la désolation. Aussi quel déchaînement dans les journaux français ! Les plus pugnaces voulaient que l'Espagne fût chassée de l'O.N.U., où sa présence risque de contaminer des nations aussi idéalement démocratiques que le Yemen et l'Arabie séoudite. D'autres se contentaient d'expulser l'Espagne de l'U.N.E.S.C.O.

D'autres demandaient que l'on interdît l'importation des oranges espagnoles, que l'on boycottât les films espagnols.

On n'allait pas jusqu'à préconiser une intervention armée, mais c'était tout juste. Et, de toute façon, les gens du Système étaient bien d'accord : l'Espagne, d'une manière ou d'une autre, devait être punie. Car il est tout à fait intolérable que l'on prenne la moindre liberté avec les résultats d'un scrutin.

Moi, je veux bien. Mais ces vertueuses imprécations auraient tout de même eu un autre poids si dans le temps même où surgissait la paille espagnole, deux énormes poutres n'étaient apparues dans les prunelles françaises.

Il y avait d'abord le cas de nos compatriotes d'Algérie qui ne sont point que l'on sache, une petite poignée d'énergumènes, qui constituent un gros paquet d'un million et demi d'âmes, qui sont plus nombreux et tout aussi français que nos compatriotes d'Alsace et de Lorraine, dont la perte, en 71, fut ressentie par toute la nation comme un rapt intolérable.

Or la première conséquence spectaculaire de l'annexion de l'Alsace et de la Lorraine par Bismarck fut le départ des députés qui représentaient ces deux provinces à l'Assemblée nationale. Ce fut un départ déchirant dont les images d'Épinal et les complaintes populaires nous permettent de mesurer à quel point il bouleversa les Français.

Mais, sans guerre, sans uhlans, sans annexion, les Français d'Algérie se trouvent aujourd'hui — démocratiquement parlant — dans la même situation que les Alsaciens-Lorrains de 71. M. Edgar Faure (pas Bismarck) leur a retiré leurs députés et M. Guy Mollet ne les leur a pas rendus.

C'est là, soit dit en passant, une sorte de catastrophe qui me touche peu. Jamais un député de mon choix ne m'a représenté à la Chambre. Et je m'en accommode fort bien. Mais enfin, ce système représentatif, c'est la règle d'or de la démocratie, c'est, pour les vrais républicains, le « préalable » de tout confort intellectuel. Priver tout un peuple — un million et demi d'individus c'est un peuple — de sa représentation parlementaire, c'est le plus monstrueux attentat que l'on puisse perpétrer, c'est le sacrilège majeur, c'est un coup de force impardonnable, la manifestation la plus caractérisée d'un despotisme atroce. Du point de vue de l'orthodoxie, la destitution de Necker ou les ordonnances de Juillet n'étaient qu'arbitraire anodin à côté de l'élimination des députés de l'Algérie.

Pourtant je ne constate point que cette situation proprement scandaleuse provoque le moindre émoi parmi les purs, si empressés à contrôler la régularité des scrutins madrilènes. Quinze cent mille Français ont été privés de leurs représentants, ni plus ni moins que si leurs provinces eussent été conquises par l'ennemi, et les questions les plus graves sont tranchées à l'Assemblée sans que ces quinze cent mille Français aient d'autre moyen de s'exprimer que de projeter, le cas échéant, des tomates sur le président du Conseil, et aucun des gardiens de la doctrine ne fronce même les sourcils. Simple bagatelle. Et qui ne saurait tirer à conséquence. Le scandale, le seul scandale, c'est que les pensionnaires de la « *Cindad Universitaria* » ne soient point représentés dans leur syndicat par des délégués non-phalangistes.

Et ce scandale, par son énormité même, ramène à leurs justes proportions les menus aménagements du suffrage universel auxquels la nouvelle Assemblée nationale française s'est hâtée de se livrer dès qu'elle s'est trouvée réunie. Elle s'était émue, cette Assemblée, justement émue, de quelques erreurs (une douzaine en tout) commises par le peuple souverain. En effet, le peuple souverain peut bien se tromper. Tout le monde est faillible. L'essentiel est d'en convenir de bonne grâce et de ne pas persévérer dans l'erreur.

Une supposition, par exemple, que le peuple souverain ait accordé 40.000 suffrages à un personnage peu recommandable dont la tripe est, de toute évidence, insuffisamment républicaine, et 17.000 suffrages seulement a un petit copain du Système, doté par surcroît, d'un patronyme de satiriste romain. Il saute aux yeux qu'un pareil résultat ne pourrait être qu'un accident et que la pire injustice serait de consacrer l'accident en l'acceptant pour cinq années. Ici, le devoir est clair. Il consiste, dans l'intérêt même du peuple souverain, à proclamer nuls les 40.000 suffrages fruit de l'aberration et à déclarer régulièrement élu le petit copain aux 17.000 suffrages.

Toute autre procédure serait de la démagogie.

Ce serait choir dans le formalisme, dans on ne sait trop quel fétichisme arithmétique absolument contraire, sinon à la lettre, du moins à l'esprit des institutions.

De même, en effet, qu'il ne saurait y avoir de liberté pour ceux qui ne défendent pas convenablement la liberté, il ne saurait y avoir de sièges au Parlement que pour des gens qui émanent non d'une multitude aveugle — et pour tout dire d'une populace irresponsable — mais d'électeurs républicains véritablement éclairés. Le total alors compte peu. Tout est dans la qualité.

Sur ce point, les Pères de l'Église démocratique sont formels et ils n'ont jamais varié : les plébiscites impériaux et les scrutins consacrant le pouvoir des dictateurs sont très exactement comme s'ils n'avaient jamais eu lieu et ne sauraient, sous aucun prétexte, représenter la volonté du peuple.

Ce qui n'empêche pas, bien entendu, de flétrir les gens des gouvernements autoritaires, si d'aventure ils tripatouillent eux aussi les bulletins de vote. Car ces gens-là, par définition, ont toujours tort. Ils ont tort s'ils s'imposent par la force, et tort s'ils se font élire.

Tandis que les vrais républicains ont toujours raison. Raison, s'ils sont majoritaires. Et raison aussi, s'ils sont minoritaires.

Ce pourquoi il n'y a nullement lieu de s'émouvoir des criailleries des mauvais esprits qui prennent prétexte de l'invalidation des élus poujadistes et de l'élimination des élus algériens pour tenter de discréditer le régime.

Seuls les obscurantistes croient encore que deux poutres sont plus grosses qu'une paille.

CES JOLIS MOUVEMENTS DU MENTON
QUE LE MONDE NOUS ENVIE

Trois semaines à peine avant le retour à Rabat du Magnanime, M. Edgar Faure jurait, croix de bois, croix de fer, sur la tête de sa « Nef » et en crachant à six pas dans la direction de la ligne bleue de l'Atlas, que jamais, au grand jamais, parole d'homme, le dénommé Youssef ne reposerait son derrière sur le trône de ses pères. Or le déposé l'y a reposé. Au milieu de l'allégresse générale. Dans une euphorie de coronation à rendre jalouses leurs Gracieuses Majestés britanniques elles-mêmes. À la satisfaction tumultueuse des vrais républicains et des vrais légitimistes et de M. Jacques Duclos. Très exactement, comme si l'on n'avait attendu que ce retour providentiel pour être enfin heureux.

De sorte que les malveillants n'ont point manqué de moquer M. Edgar Faure. Et de faire remarquer qu'à l'instar du cher Ike qui a fait broder avec tant de tact sur ses chemises « *Much better, thanks* » M. Faure eut pu faire broder sur les siennes :

« *J'ai bonne mine. Merci.* »

Est-il besoin de dire que je réprouve totalement ces sortes de sarcasmes ? Comme je réprouve que l'on raille M. Pinay d'avoir proclamé à la veille du référendum sarrois, qu'en cas de vote négatif, le statu quo subsisterait éternellement. Comme je réprouve que l'on s'acharne à tourner le vénéré président Albert Sarraut en dérision, simplement parce qu'au lendemain de la réoccupation de la Rhénanie par Hitler, il a si gaillardement jeté à la face de l'ennemi héréditaire :

« *Nous ne discuterons jamais, tant que Strasbourg sera sous le feu des canons allemands.* »

Comme je réprouve également que l'on accable le petit songeur Paul Raynaud d'une vieille histoire de route du fer qui devait rester coupée …

Qu'est-ce que tout cela prouve ?

De quel droit s'autorise-t-on des contradictions apparentes entre certains actes et certains engagements solennels, pour railler les hommes qui ont pris ces engagements et qui ont accompli ces actes ? Comme s'il ne s'agissait pas de deux ordres de phénomènes totalement distincts, totalement indépendants et dont l'antagonisme ne prend une tonalité éthique que dans les cerveaux anachroniques entachés de formalisme petit-bourgeois !

Il y a ce que l'on dit.

Et il y a ce que l'on fait. Dans un cas comme dans l'autre, ça n'est pas sans raisons. Et dans l'intervalle qui sépare le verbe de l'action, des raisons différentes peuvent très bien s'être substituées aux raisons originelles. C'est même ce qui arrive le plus souvent. Car l'action est habituellement commandée par des considérations d'un utilitarisme grossier. Tandis que le verbe relève presque toujours de la poésie, de ce désir qu'a l'homme de se dépasser, de donner à son comportement une coloration avantageuse. Le panache est, avant tout, une affaire de vocabulaire. Et lorsqu'il lui arrive de s'exprimer en alexandrins, il atteint alors à la perfection.

Je vais plus loin : dans un pays comme le nôtre, dont l'histoire est harmonieusement jalonnée de jolis mouvements du menton, ce qui a vraiment de l'importance, ce qui prime tout, c'est ce qu'on dit, ce n'est pas ce qu'on fait. Les actes s'envolent, les paroles restent.

À La Rochelle, on montre aux touristes la table de bois que le maire Guitton (assiégé par les trois mousquetaires et accessoirement par Richelieu) entailla d'un furieux coup de dague.

« *Je poignarderai ainsi*, avait-il proclamé, *quiconque parlera de capituler !* »

Puis il capitula bien gentiment, et comme ce parpaillot était doué de beaucoup de sens pratique, il se fit garantir, dans l'acte de capitulation, qu'il conserverait ses fonctions de maire. Mais ce que l'histoire retient, c'est le coup de dague du résistant intraitable.

Que dit Louis XIV, en 1709 au maréchal de Villars ? Qu'il est « prêt à mourir à la tête de l'armée. » Noble résolution. Seulement les circonstances ne se sont pas prêtées à l'accomplissement de ce souhait et l'on ne saurait décemment reprocher au roi-soleil d'avoir trépassé dans son lit, six ans plus tard.

Pas plus qu'on ne saurait reprocher aux marins du *Vengeur* d'avoir amené leur pavillon au soir du combat d'Ouessant en 1794. Qui sait d'ailleurs aujourd'hui, à l'exception de quelques maniaques, que ce pavillon fût amené ? Pour l'imagerie populaire, ces marins se sont laissés couler bas en criant « *Vive la République* », et c'est là l'essentiel. Qu'ils se soient rendus, capitaine en tête, c'est l'accessoire.

Et il est accessoire également que le brave général Cambronne soit mort dans son lit en 1842, muni par surcroît d'une épouse anglaise. Ce qui compte c'est qu'avant de remettre docilement son épée au major hanovrien Halkett, au soir du 18 juin 1815, il ait jeté à la face des habits rouges « *La garde meurt et ne se rend pas !* » C'est cela seulement que retient l'Histoire, c'est cela seulement qu'elle retiendra jusqu'à la consommation des siècles.

Comme elle saura gré au maréchal Ney (mort un peu plus tard, pas sur un champ de bataille et pas d'accord) d'avoir proclamé en ce même 18 juin (date décidément néfaste pour notre pays) :

« *Venez voir comment meurt un maréchal de France sur un champ de bataille !* »

Son empereur lui avait d'ailleurs donné l'exemple à Fontainebleau, à la veille de la première abdication :

« *On verra ce que c'est que la mort d'un grand homme..* »

On l'a vu, mais sept ans plus tard à Sainte-Hélène.

Et l'adversaire de Napoléon, Louis XVIII n'était pas moins prodigue de sublime sacrifice dans sa rhétorique. Le 16 mars 1815, après le retour de l'île d'Elbe et sur le point d'aller attendre à Gand que les Anglais aient préparé les fourgons de la deuxième restauration, il annonçait à la Chambre :

« *L'ennemi public a pénétré dans une partie de mon royaume. Pourrais-je, à soixante ans mieux terminer ma carrière qu'en mourant pour sa défense ?* »

Ensuite, c'est Charles X (mort en 1836, lui aussi dans son lit) disant à ses ministres le 7 juillet 1830 :

« *On ne nous conduira pas à l'échafaud, on nous tuera à cheval..* »

C'est Lamennais (mort en 1854) écrivant à Victor Hugo au lendemain du 2 décembre 1851 :

« *Tâchez donc de m'employer à quelque chose, ne fût-ce qu'à mourir.* »

C'est Jules Favre, proclamant le 6 septembre 1870 :

« Ni un pouce de territoire ni une pierre de nos forteresses »

Et allant signer ensuite les préliminaires de Versailles qui nous privaient — mais ça n'enlève rien à la pureté antique de l'apostrophe — de pas mal de pouces de territoires et de pas mal de pierres de nos forteresses.

C'est Gambetta haranguant la Garde Nationale à Rouen, le 8 octobre 1870 :

« J'ai contracté un pacte avec la victoire ou avec la mort ! »

Pacte qui n'a empêché Gambetta ni d'être battu quatre mois après, ni de mourir que douze ans plus tard.

C'est le général Ducrot partant pour la « trouée » du 30 novembre 1870 et annonçant, à sons de trompe :

« Je ne rentrerai dans Paris que mort ou victorieux. Vous pouvez me voir tomber, mais vous ne me verrez pas reculer. »

Puis le général Ducrot rentra dans Paris, vivant et vaincu, nul ne l'avait vu tomber, tout le monde l'avait vu reculer. Mais l'essentiel était sauf puisqu'il avait dit ce qu'il fallait dire, puisqu'il avait parlé comme un personnage de Corneille ou plus simplement comme Tartarin de Tarascon dont seule une absurde pudeur nous a empêchés jusqu'à présent, de faire notre héros national.

C'est pour cela que j'envisage avec une extrême confiance l'avenir historique des grands hommes de la IVe. On oubliera vite, que Ben Youssef est remonté sur le trône, et que la Sarre est redevenue allemande. Mais on se souviendra éternellement de la crânerie bien française des irréductibles en complets-veston qui, lorsqu'il le fallait, ont lancé avec tant de force le « jamais ! » que tous les patriotes attendaient.

CONTE ARMAGNAC ET BOURGUIGNON

*E*N ce temps-là, les Français jouissaient d'une délicieuse félicité ! Ils n'avaient point encore été réduits au même dénominateur par une absurde centralisation, leurs capitales étaient fluides et variées, et les bienfaits d'un régionalisme vivace s'étendaient à l'ensemble de l'hexagone.

Les Bretons avaient leur duc, ils ne gémissaient point sous le joug des Gaulois.

Le Dauphiné n'était point devenu l'apanage d'un fils de famille. Les ancêtres de M. Mauriac n'avaient point été arrachés à l'allégeance britannique.

La Franche-Comté était comme son nom l'indique, franchement indépendante. Et au sein de ce qui était nominalement la France, Armagnacs et Bourguignons n'avaient point été frustrés des plaisirs exaltants du provincialisme intégral.

C'était vraiment une époque bénie et l'on comprend aisément qu'elle inspire aujourd'hui tant de nostalgie aux historiens hardis qui découvrent dans le passé les vérités de l'avenir. Les Français défendaient alors avec une vigilance ombrageuse la diversité de leurs institutions. Leurs particularismes s'épanouissaient. Et au lieu d'une liberté abstraite, qui ne peut être que duperie, ils bénéficiaient d'une multitude de libertés succulentes qui sauvegardaient les droits imprescriptibles de leurs personnes humaines.

La liberté, entre autres libertés, de s'entrégorger librement et sans mauvaise conscience, de ville à ville, de duché à duché, pour l'honneur de leurs chefs-lieux de cantons respectifs.

Ce système, qui répondait si bien aux aspirations profondes du pays, eût pu se perpétuer ainsi pendant des siècles. Hélas, des politiciens possédés par le démon, qui battaient la campagne *sicut leo quærens quem devoret*, s'irritaient de ce bel équilibre français. Ils imaginaient, dans leurs cerveaux fumeux, qu'il était possible de substituer à cet ordre évidemment définitif on ne sait trop quelle construction de l'esprit dans laquelle Marseillais et Brestois se confondraient au sein d'une patrie commune. Ce qui était bien, on en conviendra, le comble de l'aberration.

Ces utopistes invoquaient, pour étayer leurs vues sacrilèges, les outrages dont les Anglais accablaient l'antique terre des Gaules. Ces outrages ne dataient pas de la veille. Depuis près de cent ans, les *goddams* se promenaient à leur guise de Calais à Bordeaux. Ils avaient infligé aux brevetés de l'état-major de Philippe VI et de Jean le Bon, de douloureuses blessures d'amour-propre. Et dans les régions qu'ils n'occupaient pas directement, ils étaient servis par une cinquième colonne qui prenait selon les circonstances des visages divers. Elle était aristocratique et réactionnaire avec Charles le Mauvais, prolétarienne et progressiste avec Simon Caboche, mais toujours, en définitive, cette cinquième colonne servait les entreprises britanniques.

Que cela fût triste, nul n'en disconvenait. Le remède imaginé par d'incurables rêveurs n'en était pas moins pire que le mal. Ils proposaient, ces rêveurs, de fondre les diverses bandes que menaçait l'impérialisme anglais, dans une sorte de « Communauté française de défense » dotée d'un commandement unique et pourvue d'une armée intégrée.

Cette plaisante suggestion commença par provoquer les lazzis des habitants de l'hexagone qui sont, comme chacun sait, les plus spirituels du monde. À Paris, dans les cabarets de la Grande Truanderie, on en fit des chansons. Et l'on crut que l'affaire était réglée.

Mais les utopistes ne se décourageaient pas.

— Voulez-vous, disaient-ils, qu'on recommence Crécy et Poitiers ? Voulez-vous que le P.A.M. (Parti artisan et manant) de Simon Caboche s'empare du pouvoir ? Contre l'ennemi commun, il faut une France unie, il faut une C.F.D. Dépassons nos régionalismes, hissons-nous jusqu'à la nation.

Les utopistes mettaient tellement d'obstination à rabâcher leurs propos, que bon nombre de seigneurs, de prélats, de bourgeois et de serfs qui, au début, s'étaient contentés de sourire, se laissèrent peu à peu gagner à ces funambules. Tant et si bien que les chefs des différentes nations finirent par accepter d'étudier le projet de C.F.D. et par en accepter le principe.

En s'entourant, bien entendu, de toutes les précautions nécessaires. En exigeant que des conditions préalables fussent remplies. Les « préalables » étaient d'ailleurs sensiblement les mêmes chez les Armagnacs et chez les Bourguignons.

— Il serait impensable, expliquait le duc de Bourgogne, que le commandement de la C.F.D. ne fût pas confié à un Bourguignon.

— On n'imagine pas, répondait le duc d'Orléans, une C.F.D. qui n'aurait pas un chef armagnac.

Les Bourguignons, d'autre part, acceptaient bien que les contingents armagnacs fussent intégrés, mais à l'échelon du *combat team* et non à celui de la grande compagnie.

Et les Armagnacs prenaient bien soin d'exiger que les contingents bourguignons intégrés ne fussent point pourvus d'arbalètes lourdes, mais seulement de lance-pierres ne portant pas à plus de quatorze toises.

Et rien, naturellement, ne pourrait être conclu tant que le duc de Savoie n'aurait pas promis de prêter à la C.F.D. un corps de hallebardiers blindés.

Ces restrictions, cependant, n'apaisaient point les appréhensions des têtes pensantes. Un philosophe Armagnac avait judicieusement exhumé un texte de Tacite flétrissant l'incurable barbarie des Bourguignons que la quadrature de leur crâne exclut de l'espérance même de la civilisation. Et avec non moins de pertinence, le plus illustre des chroniqueurs dijonnais dénombrait les Bourguignons que les Armagnacs avaient lâchement envoyés en fumée dans leurs bastilles de torture et d'extermination. Les Armagnacs expliquaient combien il serait monstrueux de combattre sous les mêmes drapeaux que les assassins du duc d'Orléans (1407.) Et les Bourguignons refusaient d'avoir rien de commun avec les salauds qui se préparaient à occire Jean sans Peur au pont de Montereau (1419.) On rappelait que les Bourguignons avaient envahi l'Armagnac vingt fois en quinze ans et que les Armagnacs avaient envahi la Bourgogne quinze fois en vingt ans. On signalait, de part et d'autre, des petits enfants auxquels l'ennemi héréditaire avait coupé les poignets. Des chefs militaires menaçaient leurs gouvernements réciproques d'une révolte permanente, dans l'hypothèse effroyable où la « Communauté française de défense » serait ratifiée.

Naturellement les militants cabochiens du « Parti artisan et manant » étaient les plus ardents à lutter contre la C.F.D. Dans une France unie et débarrassée de la menace anglaise, ils n'auraient plus qu'à disparaître. Ils étaient les seuls qui eussent un intérêt évident et réel à faire échouer l'entreprise. Mais ils n'en trouvaient pas moins, dans les classes nanties de la société et dans le bas clergé dominicain, des auxiliaires imprévus qui ne craignaient point de se montrer à leurs côtés, sur les mêmes tréteaux, pour affirmer que l'honneur exigeait la pérennité de la désunion française.

Bientôt l'opinion publique, d'abord surprise et abusée par les sophismes des unificateurs, commença à se ressaisir. Elle comprit que si l'armée bourguignonne perdait son indépendance, la catastrophe serait irrémédiable. Et que si les soldats armagnacs cessaient d'être autonomes ça serait l'abomination de la désolation. Les enfants des écoles prirent l'habitude d'aller jeter des cailloux dans les vitres des partisans de la C.F.D. Des clercs besogneux se mirent à rédiger des solutions de rechange, ce qui était le plus sûr moyen de noyer définitivement le poisson. Et un beau jour, le grand sénéchal Février, chef vénéré de l'ost bourguignon, fit savoir que décidément il était contre : Dans le même temps, le connétable Avril, généralissime de l'ost armagnac, annonça que, tout bien réfléchi, il était contre également.

L'opinion de ces deux stratèges éminents dissipa les dernières hésitations. Les Cabochiens poussèrent des glapissements d'allégresse et la C.F.D. fut unanimement rejetée avec d'admirables haut-le-cœur.

Ensuite ?
Ensuite, il y eut Azincourt (1415.)

MAIS SI ! ÇA PEUT DURER

Dans le privé, bien sûr, tous les Français trouvent que c'est affreux. Et que ça la fiche extrêmement mal. Et que les jeux des macaques de l'Assemblée font de la France la risée de l'Univers. Et qu'il n'est pas possible de concevoir des institutions plus démentielles. Et que ça ne peut pas durer comme ça.

C'est surtout au moment des crises ministérielles que ces sentiments s'affirment avec le plus d'énergie. Il se fait alors dans le dégoût et le mépris une sorte d'éphémère unité française.

Et puis les choses reprennent leur cours. Et tout le monde se hâte d'oublier les nausées des jours de crise. Jusqu'à la prochaine crise.

C'est que si les Français constatent périodiquement avec une sincérité qui ne paraît pas douteuse, la malfaisance des institutions qu'ils se sont librement données, il leur est impossible de s'en indigner longtemps.

Voyez ce qui arrive dès qu'on fait mine de priver les Français des turlupinades de la démocratie. Ils poussent aussitôt des gémissements à fendre l'âme. Et ils se mettent à rêver — je dis bien rêver — de mourir sur les barricades pour sauvegarder les droits imprescriptibles des comitards de chefs-lieux de canton.

L'objectif réel, sinon avoué, des chefs de la Résistance était avant tout le retour aux bonnes vieilles combines du « *government of the people, by the people, for the people.* » Lorsque le dernier Allemand eut tourné les talons, le cri du cœur de Mauriac, qui symbolise si magnifiquement la déchéance de ce pays, ne fut pas :

« *Enfin les Boches sont partis !* »,

ce fut :

« *Enfin, on va pouvoir renverser les ministères !* »

Les Allemands, après tout, on s'en fût peut-être accommodé s'ils avaient eu le machiavélisme d'exiger que les parlementaires poursuivissent à Vichy leurs petits jeux de massacre et leurs tournois d'éloquence. On eût à la rigueur passé sur le S.T.O. et les réquisitions. L'essentiel eut été sauvé. Mais du moment que la démocratie ne fonctionnait plus, tout était perdu.

C'est que la démocratie est de tous les systèmes possibles celui qui favorise le mieux le plein épanouissement de ce qu'il y a de moins plaisant dans le tempérament français : le goût passionné des querelles de clans et le fractionnement quasi illimité desdits clans en sous-clans frénétiquement hargneux, jaloux, revendicatifs, éternellement insatisfaits.

Ce goût n'est pas une nouveauté. Et si la révolution de 89 lui a ouvert de délectables perspectives, il n'avait pas attendu Danton et Robespierre pour se donner libre cours. Ce que raconte César des tribus gauloises déchirées par leurs rivalités correspond si merveilleusement à la France contemporaine qu'on est bien obligé — soit dit en passant — de renoncer à l'explication raciste de l'histoire. Car enfin, si MM. Mendès, Sanghor, Kosciusko, Meyer, Monnerville, Palewski, Ulver, etc... se comportent comme les compagnons ou les rivaux de Vercingétorix, on peut avancer, sans tomber j'imagine dans le crime de génocide, que leurs ancêtres ne coupaient pas du gui, en costumes de druides, dans les forêts d'Auvergne.

Cette rage des habitants (importés ou non) de l'hexagone à se régler leurs comptes les uns aux autres et à s'éparpiller en une infinité de « tendances » contradictoires et intransigeantes, c'est le fil conducteur de toute notre histoire. Les Français sont d'abord des gens divisés contre eux-mêmes, qui se battent entre eux, et qui aiment ça, pour qui la faction indigène rivales est cent fois plus odieuse que l'étranger et qui s'en donnent à cœur joie dès que l'occasion se présente. On a alors les Armagnacs et les Bourguignons, les catholiques et les protestants, les bleus et les blancs de 93, les blancs et les rouges de la Commune. Avec, bien sûr, les innombrables subdivisions que comportent ces factions d'ensemble et tous les déchirements qui s'ensuivent entre durs et mous, tièdes et ultras, capitulards et jusqu'au-boutistes. Comme dit Anouilh dans son admirable *Pauvre Bitos* :

« *La haine est française.* »

C'est seulement lorsque le pouvoir est fort que s'ouvrent les périodes glorieuses et satisfaisantes de notre histoire, lorsqu'un monarque ou un ministre ou un dictateur, dédaignant de satisfaire les aspirations naturelles de la nation, gouverne sans l'assentiment de l'opinion publique et au besoin contre elle.

Si l'histoire a une utilité, c'est bien de nous montrer que la France est, de tous les pays civilisés, celui qui est le plus impropre à se gouverner lui-même, qui court le plus sûrement au gâchis dès qu'on lui lâche la bride, dès qu'on laisse aux citoyens la possibilité de substituer leurs pulsions émotionnelles à la raison d'État.

Or, le système actuel n'exclut qu'une possibilité : c'est que les factions soient contrariées.

C'est pour cela que — sauf dans le cas peu probable d'un coup de force — je crois que ce régime à cause même de son absurdité qui flatte si délicieusement le vice national, peut et doit durer.

Et comme ni M. Pinay, ni M. Pflimlin, ni M. Pineau, ni M. Edgar Faure, ni M. Mollet, ni M. Mendès, ni tout autre premier-ministrable ne sont décidés à s'attaquer à ce régime, on ne m'en voudra pas trop de me désintéresser complètement des crises ministérielles.

———◦———

III

Tout ce joli monde…

DE GAULLE (CHARLES)

Juin 40. La France est hors de combat. Un homme, néanmoins, décide de continuer la lutte. L'entreprise, sur le moment, paraît tout à fait déraisonnable. Rien ne permet de supposer que les Japonais commettront la folie d'attaquer les U.S.A. et que Hitler violera les grands principes de *Mein Kampf* en ouvrant un deuxième front en Russie sans en avoir fini préalablement avec l'Angleterre. L'Angleterre est seule, et les meilleurs esprits estiment qu'elle succombera avant qu'on ait pu la secourir.

Donc, le général français qui décide de continuer la lutte agit en « desperado » militairement. Son geste n'a pas la moindre chance de renverser la situation. Il peut tout au plus provoquer, en France, des dissensions intestines et compromettre un règlement acceptable entre vainqueurs et vaincus.

À qui profite ce geste ? À la France ? Vu la tournure qu'ont prise ultérieurement les événements, c'est bien possible, on peut en discuter et l'on en discutera sans doute jusqu'à la consommation des siècles.

Mais une chose est certaine, c'est que, dans l'immédiat, le geste du général français profite avant tout aux Soviets.

Entendons-nous : pendant tout l'entre-deux guerres, la politique russe a été limpide. Elle a consisté (et c'était fort sage, les Français eussent bien dû agir de même), à éloigner des frontières de l'Union les menaces d'invasion et à tout faire pour que le conflit éclatât le plus loin possible : à l'ouest et non à l'est de l'Europe, pour que les capitalistes s'épuisassent en boucheries fratricides. Ensuite, les bolcheviks n'auraient plus qu'à ramasser les morceaux.

Le pacte Ribbentrop-Molotov n'a pas d'autre sens. Seulement, ce calcul a été déjoué par la rapide défaite de la France. L'Allemagne ne s'est pas usée de Sedan à la Bidassoa. Ses forces se sont accrues. Les Russes en ressentent tout le poids et s'en épouvantent. Leur intérêt vital est que les armées allemandes soient retenues à l'Ouest. Pour inefficace qu'il soit, l'appel du 18 juin sert ce dessein.

Ensuite la guerre se prolonge et s'étend. La chance tourne. La victoire des démocraties devient possible, puis probable et enfin certaine.

Qu'adviendra-t-il de la France dans la confusion qui suivra la défaite allemande ? C'est la question que se posent avec angoisse tous ceux qui conservent le sens national. Or les appels quotidiens de la B.B.C., ont créé en France un climat de guerre civile. Et les communistes entendent bien profiter des circonstances pour s'emparer du pouvoir. Il ne s'en cachent pas. Ils sont armés. Ils sont organisés.

Comment s'opposer à leurs entreprises ? D'abord, en s'abstenant de leur concéder l'auréole patriotique qu'ils revendiquent. Et aussi en s'abstenant de saper l'autorité des ministres et des fonctionnaires qui assurent, sur le territoire national, la permanence de la France.

Or que fait le général du 18 juin ?

Il s'acharne, derrière son micro surélevé de la B.B.C., à décerner des brevets de patriotisme français aux patriotes russes de langue française qui luttent pour l'Union Soviétique. Ces manifestations verbales nuisent-elles aux Allemands ? Pas le moins du monde. Mais elles préparent pour les bolcheviks des lendemains qui chantent.

Des émissaires de Vichy tentent de prendre contact avec le Comité de Londres pour qu'en cas de défaite allemande la passation des pouvoirs s'effectue sans crise révolutionnaire. C'est l'intérêt évident de la France. Mais ça n'est pas l'intérêt de l'U.R.S.S. Le général français du 18 juin n'hésite pas : il repousse ces offres avec hauteur.

Sitôt les alliés débarqués en Afrique du Nord, toutes les conditions sont réunies, grâce à Darlan, grâce à Juin, grâce aussi à Giraud (dans la mesure où ce militaire à la compréhension limitée peut avoir une influence) pour procéder à la répétition générale d'une succession pacifique. C'est ce que craignent par-dessus tout les communistes. Alors, le général français du 18 juin s'emploie à provoquer l'irréparable. Il donne aux communistes une place prépondérante dans son assemblée consultative. Il fait fusiller Pucheu, dont le ralliement était le symbole même de la réconciliation. Il promulgue les ordonnances qui vont légaliser les futurs carnages de la libération. Toutes choses dont la France souffrira mais dont l'U.R.S.S. profitera.

Il était inévitable que le départ des Allemands du territoire français s'accompagnât d'excès de toutes sortes. Mais ces excès pouvaient être limités. Un homme, en tout cas, avait seul le prestige nécessaire pour y parvenir : le général français du 18 juin. Ses partisans les plus honnêtes ne doutaient pas qu'il s'y emploierait de toutes ses forces, qu'il continuerait la tradition des grands pacificateurs de l'histoire de France, qu'il promulguerait sans attendre l'Édit de Nantes.

Mais, loin de rien tenter de semblable, le général français du 18 juin lâche la bride aux F.T.P. : quartier libre pour les assassins. Dans tout le pays on se met à tuer énormément. Qui tue-t-on ? En principe, les collabos. Mais les véritables collabos ont fui. Pratiquement, on tue des notables, au petit bonheur la chance, des curés, des industriels, des membres de la Légion des Combattants, tous ceux qui pourraient par la suite faire obstacle à la bolchevisation de la France. À qui profite cette sanglante « dékoulakisation » ? À l'U.R.S.S., exclusivement.

À qui profite, ensuite, l'épuration « légale » (si l'on peut dire) des cours de justice dont presque toutes les victimes sont choisies parmi les adversaires du bolchevisme ?

Et lorsque le général français du 18 juin blanchit le déserteur Maurice Thorez, lorsqu'il en fait son vice-président du Conseil, est-ce l'intérêt de la France ou l'intérêt de l'U.R.S.S. ?

Lorsque le général du 18 juin se précipite à Moscou en 45 pour signer avec Staline un pacte qui n'apporte rien à la France, mais qui brise la solidarité des Occidentaux (espoir suprême du Kremlin), à qui cela sert-il ?

Si, à cette époque-là, les bolcheviks n'ont pas pris le pouvoir en France, c'est uniquement parce qu'ils ne l'ont pas voulu.

Ou plutôt parce que leurs maîtres de Moscou le leur ont interdit. La Russie était trop épuisée pour entreprendre tout de suite une nouvelle guerre contre l'Amérique dont les forces étaient intactes et qui possédait seule la bombe atomique. Staline redoutait que la bolchevisation de la France (et de toute l'Europe occidentale) ne provoquât une réaction américaine.

Alors les communistes français n'ont pas bougé. Mais ils avaient le pouvoir à portée de la main. L'armée et la police étaient sous leur contrôle. Leurs troupes de choc des F.T.P. étaient prêtes à l'action. Ils détenaient plusieurs ministères, de nombreuses préfectures, des milliers de mairies. Un coup de téléphone et la révolution bolchevique eût été un fait accompli.

L'homme du 18 juin avait tout fait pour que le successeur du maréchal Pétain fût Maurice Thorez. Et s'il n'avait tenu qu'à lui, il en eût été ainsi.

Le coup étant raté, la prise de pouvoir étant remise à des temps meilleurs, l'homme du 18 juin ne reste cependant pas inactif. Écarté de la présidence du Conseil, il fonde un rassemblement qui pourrait être, avec quelque retard — mais mieux vaut tard que jamais — le rassemblement des Français réconciliés. L'homme du 18 juin s'en garde bien. Malgré quelques vagues concessions verbales aux vichyssois, malgré quelques traits mouchetés décochés aux « séparatistes », le rassemblement demeure un instrument de division dont les véritables bénéficiaires restent les communistes.

Puis, lorsque ce rassemblement se réduit après une période d'euphorie aux dimensions d'un classique parti de droite (R.P.F. - U.R.A.S., Républicains Sociaux peu importe), un jeu plus subtil s'engage. Il consiste à obtenir qu'au Parlement quelques douzaines de députés élus par les nationaux votent, dans les grandes circonstances, dans l'affaire de la C.E.D. par exemple, ou des crédits militaires, avec les députés communistes, qu'ils fournissent, sur les bancs de la réaction, un appoint décisif à l'extrême-gauche. Ce qui est évidemment le fin du fin.

En matière coloniale c'est tout aussi net. Le discours de Brazzaville et l'abandon de la Syrie préfigurent la liquidation de l'Empire dont les héritiers ne peuvent pas être les indigènes mais les bolcheviks.

En pleine guerre d'Indochine, le général du 18 juin n'a-t-il d'ailleurs pas tenu à affirmer devant la presse parisienne qu'il ne considérait pas comme une « agression » l'action des communistes (russes, chinois ou français) contre nos soldats du Corps Expéditionnaire. Aucune hargne contre l'U.R.S.S. Toute la hargne contre les Américains « trop nombreux en Europe. » L'*Huma* ne parle pas autrement :

« *U.S. go home !* »

Ce bref rappel de l'action politique de l'homme du 18 juin ne laisse place à aucune équivoque. Cet individu a servi plus utilement, plus constamment l'Union Soviétique que n'auraient jamais pu le faire M. Thorez ou M. Duclos.

Et s'il était affilié au parti communiste (secrètement bien sûr, mais les bolcheviks sont familiers de ces sortes de subterfuges), il n'eût pas fait mieux, il ne ferait pas mieux.

Une seule objection à cette hypothèse : la stupidité congénitale, éclatante du personnage. Pour servir la cause soviétique avec autant de bonheur, de constance et de duplicité, il faut un minimum d'intelligence.

On peut toujours, il est vrai, suppléer à la débilité mentale par la docilité. Il suffit d'être bien « conseillé. » Et de suivre les « conseils » sans hésitation ni murmures, le petit doigt sur la couture du pantalon et le regard sur la ligne bleue de l'Oural.

Mais au fait, ne trouvez-vous pas étrange que M. Malraux, qui est, lui, de toute évidence, extrêmement intelligent, demeure depuis tant d'années, dans le sillage d'un militaire dont les facultés intellectuelles sont si consternantes ? Officiellement, M. Malraux n'est plus communiste.

Mais qui en jurerait ?

Et s'il avait reçu l'ordre de se « salir les mains » pour diriger l'opération De Gaulle ?

C'est une simple supposition. Mais c'est la seule supposition satisfaisante pour l'esprit.

De Gaulle, agent soviétique, tout s'explique lumineusement, tout s'enchaîne avec une logique implacable.

Sinon, comment imaginer qu'un général français ait pu servir pendant tant d'années avec autant d'application et de zèle la cause des ennemis de la civilisation ?

Oui, si De Gaulle n'est pas un agent soviétique, le mystère reste entier. Et nous sortons de la politique pour plonger dans la psychopathologie.

Blond (Georges-Martial)

Pour fêter le dixième anniversaire du débarquement allié en Normandie, le *Figaro* publiait une très jolie double page, et au bas de cette très jolie double page, un très joli placard de publicité prônant un ouvrage de M. Georges Blond qui explique, qui condense, qui illustre, qui exalte cette merveilleuse opération amphibie et ses conséquence plus merveilleuses encore :

« *D'Arromanches à Berlin, le film d'une victoire.* »

Pour commémorer cette victoire dont on savoure un peu plus chaque jour les effets tonifiants, je ne pouvais souhaiter de me trouver en meilleure compagnie.

Je savais, certes, que M. Georges Blond, dont le deuxième prénom est Martial, avait été prédestiné dès le berceau, par la bonne fée sa marraine, à chanter la gloire des armes (*Arma virumque cano*, etc.), à exceller dans le commerce d'Ares et de Bellone.

Et je connaissais depuis de longues années le beau talent de cet écrivain martial.

Mais ce qui donne tout son prix à « *D'Arromanches à Berlin* », ce n'est point seulement la maîtrise de la langue, la simplicité du récit, le choix pertinent des illustrations, l'apparence d'objectivité, en un mot cette technique incomparable qui permet à M. Georges Blond de s'élever si fort au-dessus de ses illustres devanciers de la chronique militaire, le général Cherfils, le lieutenant-colonel Driant et M. Henry Lavedan.

Nous sommes loin, en effet, de l'emphase bouffonne et des cornichonneries épinaliennes de la geste en pantalons rouges. Oscar et Rosalie sont devenus Pluto et Mulberry, et en s'américanisant, ils ont acquis la belle sobriété classique des procès-verbaux de Conseils d'administration.

Mais ce livre est plus qu'une œuvre d'art. C'est un acte de foi. Et surtout, il permet à son auteur d'affirmer ses qualités d'homme et de montrer qu'il a du souffle. Or je suis fait de telle manière que je n'estime rien tant que le courage physique, la fermeté morale, la rigueur dans les convictions, la suite dans les idées. Il fallait tout cela, pas moins, pour que s'enfantât le « Film d'une Victoire. »

Car, en somme, de quoi s'agit-il ? De l'apothéose au phosphore de cette Croisade des Démocraties que les personnalistes éclairés souhaitèrent avec une si mâle ardeur pendant les honteuses années de paix de l'entre deux-guerre et dont ils saluèrent l'issue avec tant de ravissement.

Pour traiter heureusement un pareil sujet, il fallait être, de toute évidence, un militant. On n'imagine guère un indifférent — et à plus forte raison un adversaire — se métamorphosant en aède de l'épopée fifi. Cela prêterait à rire. Et l'on comprendrait mal que la Résistance, dont les maquis furent une telle pépinière d'écrivains talentueux, en fût réduite à aller dénicher le barde de sa Victoire dans les officines de la trahison.

Si M. Georges Blond a publié, pour un pareil anniversaire, un pareil livre, c'est qu'il en a vécu toutes les espérances. Sinon il écrirait sur le cachalot, les oies sauvages ou les sœurs Brontë.

Et, bien sûr, ceux qui ont connu M. Georges Blond avant ou pendant la guerre ont pu s'y tromper. Moi-même, je l'avoue, je m'y suis trompé. C'est que j'ai l'esprit lourd, c'est que je suis malhabile à distinguer le bon grain de l'ivraie et le scintillement de l'idéal démocratique dans la gangue nauséabonde des aberrations du génocide hitlero-féodal.

À *Je Suis Partout*, M. Georges Blond semblait bien n'être tout simplement que l'un d'entre nous, c'est-à-dire un traître comme les autres, et lorsqu'en septembre 1937, il me fit inviter au Congrès National-Socialiste de Nuremberg, je l'y accompagnai sans malice, sans deviner — fallait-il que je fusse bête ! — que mon compagnon levait le bras à chaque *Horst Wessel Lied* pour s'affermir dans l'amour des Immortels Principes.

Et c'est toujours — je n'en doute plus maintenant — pour éclairer la Conscience Universelle qu'il publia, peu après, avec Henri Lebre [2] une anthologie, fort bien faite, ma foi, des discours et des écrits

---

2. —   Condamné à mort par contumace.

d'Adolf Hitler (3) qu'il eut la délicate attention de me dédicacer d'une croix gammée.

Dans nos conciles hebdomadaires que dirigeait le (provisoirement) fasciste Pierre Gaxotte, futur héros du réseau *Ric et Rac* et futur académicien du Système, M. Georges Blond tenait sur les Croisés de la démocratie des propos fortement pensés que nous eussions parfaitement compris s'ils n'avaient été formulés en code. Lorsqu'il disait par exemple :

« *Ce sont des salauds et des fumiers !* »

Il eût fallu comprendre :

« *Ce sont les sauveurs de l'humanité.* »

Ensuite, après que la France eut perdu cette guerre qu'à *Je Suis Partout* nous réprouvions, mais que M. Georges Blond avait certainement souhaitée (car comment eût-on pu aller d'Arromanches à Berlin si l'on n'avait décidé préalablement de mourir pour Dantzig ?), notre ami eut cette jolie chance de se trouver interné par nos indéfectibles alliés britanniques et de pouvoir ainsi opter pour le Grand Chose du 18 juin, sans plus attendre, sans avoir recours aux passeurs pyrénéens, sans les formalités de l'internement espagnol.

Tout devait l'inciter, — on ne peut en douter après la lecture de ses derniers ouvrages — à choisir résolument le camp de la liberté dont MM. Schumann et Weisskopf organisaient les cantonnements. Et si M. Georges Blond ne fit pas ce choix-là, ce ne fut point assurément sans un pathétique conflit cornélien. Mais il avait mieux à faire. Il avait à préparer l'opinion. Il avait à faire connaître aux Français la vérité sur nos futurs libérateurs, sur ceux qui chevaucheraient un jour d'Arromanches à Berlin.

Et c'est pour publier à Paris l' « *Angleterre en guerre* (4) » que, la mort dans l'âme, M. Georges Blond renonça aux délices gaullistes et rentra en France. Il faillit d'ailleurs n'y point parvenir. Son navire sombra. Mais ayant invoqué une vierge miraculeuse. M. Blond devint tout soudain insubmersible et put être rapatrié.

---

3. — Adolf Hitler : *Ma Doctrine*, texte traduit et établi par François Dauture (Henri Lebre) et Georges Blond, librairie Arthème Fayard.
4. — Grasset.

Aujourd'hui, M. Georges Blond a supprimé « *L'Angleterre en guerre* » de la liste de ses ouvrages antérieurs. C'est là une manifestation de modestie qui honore son auteur mais qui n'en est pas moins excessive. Il est tonique de relire à douze ans de distance ce long cri d'amour pour les paladins de la démocratie. Et si ce texte est émaillé d'imprécations contre les Anglais, de sarcasmes contre les gaullistes, de remarques désobligeantes sur les Israélites, si l'on s'y réjouit tapageusement de l'échec du premier débarquement (celui qui préfigurait à Dakar l'opération d'Arromanches) ce sont là des clauses de style que la féroce censure des nazis de l'Hôtel du Parc rendait à l'époque obligatoires. Il suffisait que les patriotes lussent entre les lignes pour se sentir aussitôt réconfortés.

Les mêmes patriotes n'avaient ensuite qu'à appliquer la même méthode aux articles que le même M. Georges Blond publia dans *Je Suis Partout*, puis dans la *Gerbe* pour voir poindre — toujours entre les lignes — la magnifique espérance d'un débarquement qui livrerait Prague et Budapest à M. Staline, le Maréchal Pétain à M. Dordain, la mairie de Limoges à M. Guingouin et l'Élysée à M. Auriol.

Ce débarquement, il était tentant d'en parcourir à l'avance les étapes, d'éclairer la route des soldats d'Eisenhower et de Montgomery. C'est dans cet esprit, sans équivoque possible, que M. Georges Blond précéda l'armada libératrice, qu'il alla non point d'Arromanches à Berlin, mais de Liverpool à Berlin. Et même un peu plus loin, jusque dans ce camp de Pologne où les traîtres de la L.V.F. s'entraînaient, sous le dégradant uniforme feldgrau, à contrarier les progrès de l'humanisme soviétique. C'était, dira-t-on, pour faire des conférences dont la Propaganda Staffel ne condamnait ni l'esprit ni la lettre. La belle affaire ! Croit-on qu'en 42, on pouvait traverser l'Europe avec des *traveller's cheques* et des *reservations* de l'Agence Cook ? Il fallait bien un prétexte, n'est-ce pas ?

Et ce n'est pas non plus parce que M. Georges Blond vivait dans l'espérance d'une victoire démocratique qu'il devait pour autant se croire tenu d'assister des soldats de la démocratie. Par exemple, un certain caporal épingle qui après s'être évadé de son stalag errait dans Berlin au moment même où M. Georges Blond parlait (pour donner le change, bien sûr) au Foyer des Travailleurs requis de Berlin, et qui eut le manque de tact de se faire reconnaître du conférencier. En s'abstenant avec toutes les apparences extérieures d'une insurpassable lâcheté de dire au « caporal épingle » d'aller se faire pendre ailleurs, M. Blond eût compromis le succès de sa mission et jusqu'à la publication de ses futurs chefs-d'œuvre.

Telles sont les grandeurs et les servitudes du double jeu.

La justice française, d'ailleurs, si vigilante et si perspicace, ne s'y est pas trompée. Elle a parfaitement compris quels mobiles hautement patriotiques et antifascistes animaient l'auteur de « *L'Angleterre en guerre.* »

Depuis, tous les membres du Comité directeur de *Je Suis Partout* ont été équitablement condamnés à mort. M. Georges Blond ne figurait pas sur la liste des inculpés que M. Zousmann, juge d'instruction, me lut d'une voix sifflante, dans son cabinet de la rue Boissy-d'Anglas. Ce jour-là, tel M. Paul Reynaud en 40, je crus au miracle.

Et quelques mois plus tard, alors que j'attendais aux chaînes, le petit matin blême et chantant de la justice démocratique, ma femme se trouva nez à nez, avenue de Suffren, avec M. Georges Blond. Il eût pu profiter de l'occasion pour manifester quelque solidarité verbale et demander des nouvelles de ceux que le miracle n'avait point protégés.

Il préféra détaler à toutes jambes.

Ce qui prouve, entre autres choses, que sa conscience était pure.

Comme dit M. Galtier-Boissière dans le *Petit Crapouillot* :
« *On aimerait connaître son condé.* »

Philippe (Gérard)

*J*E le dis très sérieusement : Gérard Philipe m'est extrêmement sympathique. En ceci je m'aligne résolument, sans fausse honte, sur l'honorable corporation des midinettes avec qui, par ailleurs, mes affinités sont minces. Gérard Philipe a une bonne tête honnête, intelligente, virile. Rien du bellâtre équivoque qui symbolise habituellement, pour les personnes du sexe, le *glamour boy*. Et il a du talent, énormément de talent, tant de talent qu'il a réussi cet exploit, qui ne paraissait guère pensable, de me faire avaler *Ruy Blas* — me faire ça à moi ! — et de me rendre tolérable la basse démagogie de ce burlesque mélo.

De plus, lorsque j'expiais mes crimes (en partie du moins) au bagne de Clairvaux, Gérard Philipe y venait rendre visite, très régulièrement, à mon ami Paul Marion. Affinités strictement personnelles, certes, et n'impliquant point d'adhésion à la politique du ministre vychissois de l'Information. Mais je suis fait de telle manière que la moindre manifestation de sympathie à l'égard d'un prisonnier de l'épuration anéantit chez moi les velléités de malveillance.

Donc, pour toutes ces raisons, il m'est difficile de voir en Gérard Philipe un vilain bonhomme. Mais il m'était difficile aussi — jusqu'au jour où je l'ai vu dans Lorenzaccio — de ne pas juger consternante l'activité de ce plaisant artiste.

Car, il faut bien dire que Gérard Philipe n'en rate pas une. Chaque fois que le parti communiste fait un mauvais coup, Gérard Philipe en est. S'agit-il de protester contre la défense de l'Occident, Gérard Philipe signe des deux mains. S'agit-il de vendre à son de trompe les ours des intellectuels-robots de la brigade stalinienne des acclamations, les bouquins des penseurs Wurmser, Daix ou Parmelin et les mirlitons standardisés de M. Aragon, et aussitôt Gérard Philipe surgit avec son gentil sourire. S'agit-il de flétrir les requins du jus de fruit qui boivent la sueur des maquisards guatémaltèques ou les hyènes du gasoil qui boivent le sang des patriotes iraniens, et Gérard Philipe ajoute incontinent sa petite flétrissure personnelle à l'opprobre des buveurs susnommés. S'agit-il d'arracher aux geôles colonialistes les héros de l'indépendance malgache ou les francs-tireurs des oasis sahariennes et Gérard Philipe libère d'un trait de plume Madagascar et le Sahara. Il est de tous les défilés, de toutes les kermesses, de tous les galas, raouts et autres pince-fesses où s'affirme la suite que les messieurs-dames de Moscou ont dans leurs idées.

Et naturellement, il n'a pas manqué de joindre sa grande voix généreuse aux grandes voix généreuses qui se sont élevées pour que soit donné un éclat adéquat au dixième anniversaire de l'alliance franco-soviétique : les grandes voix généreuses de MM. Herriot, Paul-Boncour, Joliot-Curie, Soustelle, Pierre Cot, Jean-Paul Sartre, etc., personnages peu esthétiques, mais dont le poids politique l'emportait jusqu'alors sur celui de Gérard Philipe. Or si j'en juge par le calibrage des portraits publiés par l'*Humanité* et par la rigoureuse égalité graphique et typographique établie entre les susdits et la vedette du T.N.P., il est clair que Gérard Philipe a été admis définitivement parmi les grands avec un statut paritaire.

Je m'en affligeais, je ne me résignais pas à voir ce gentil garçon en si laide compagnie, s'obstinant à fréquenter de si vilaines gens, prêtant son nom et son talent à de si sordides opérations, et prenant du galon au sein d'une aussi parfaite association de malfaiteurs.

Mais, comme disent les Saintes Écritures, il ne faut point se hâter de juger. Et c'est Gérard Philipe lui-même qui m'a préservé de cette tentation, qui m'a incité à me méfier des apparences, si accablantes fussent-elles : le Gérard Philipe de Lorenzaccio.

Il y a quelque temps, au T.N.P., à mesure que se déroulait sous mes yeux le drame florentin de Musset, peu à peu la personnalité de Gérard Philipe se dessinait dans une perspective totalement nouvelle. Le jeune débauché cynique et cruel se vautrait aux pieds du tyran avec tant d'abjecte servilité que l'auditoire populaire, pour un peu, eût lapidé son idole. Mais bientôt on commençait à entrevoir que ce n'était là qu'une feinte, que Lorenzo n'avait choisi la honte que pour mieux servir sa patrie, qu'il ne mouchardait que pour la bonne cause : *ad augusta per augusta* ! et qu'il ne flagornait Alexandre de Médicis que pour l'assassiner plus sûrement. Alors, Lorenzo, Judith mâle de la résistance florentine et superman du double jeu, regagnait l'estime de tous les vrais républicains jusqu'à l'apothéose des coups de stylet tyrannicides. Gérard Philipe était redevenu lui-même, il était redevenu Gérard Philipe.

Rien ne m'ôtera de l'esprit, désormais, que ce drame est bien très exactement, le drame de Gérard Philipe, et qu'il n'est ni Ruy Blas, ni Fanfan la Tulipe, ni le prince de Hambourg, ni Monsieur Ripois, qu'il est tout simplement, à la ville comme à la scène, Lorenzaccio.

Et qu'il lui faut une fichue force de caractère, à cet aimable jouvenceau, pour feindre de prendre quelque plaisir en compagnie de Mme Elsa Triolet ou pour se salir la main en serrant celle de M. Claude Roy.

Mais que la fin justifie les moyens et que le jour n'est plus tellement éloigné où Gérard Philipe-Lorenzaccio pourra enfin dérober les cottes de mailles de MM. Malenkov, Boulganine et Kroutschev et découper ces despotes en petites lanières.

Ce qui d'ailleurs ne changera rien puisqu'ainsi qu'il est démontré dans Lorenzaccio, les combattants de la liberté sont bien trop bêtes pour exploiter leurs avantages momentanés, et qu'au tyran succède automatiquement un autre tyran.

Mais si M. Gérard Philipe couronne vraiment sa carrière de *fellow traveler* par le massacre de la « direction collective », on lui tiendra tout de même compte de ses bonnes intentions.

Stéphane (Roger)

On me croira, je l'espère, si je dis que l'arrestation de M. Roger Stéphane (sur ordre du juge Duval et pour intelligence avec l'ennemi) m'a littéralement consterné et que j'ai partagé, tout aussitôt, l'indignation des bons citoyens de la nouvelle (et de l'ancienne) gauche.

J'ai partagé d'autant plus authentiquement cette indignation qu'il ne m'a pas fallu un très gros effort pour situer l'infortuné Roger Stéphane dans son nouvel habitat. Ces lieux qui eurent tant d'éclat au lendemain de la Libération sont devenus tout simplement sinistres depuis qu'ils ne sont plus hantés que par Bébert-le-Tordu et Gégène-les-pieds-plats. Des murs dégradés, envahis d'obscénités graphiques, des fenêtres perpétuellement closes, des « gaffes » qui ont cessé d'être bienveillants, des règlements qu'on applique avec une mortelle rigueur.

C'est dans ce cadre de cauchemar qu'il m'a fallu imaginer M. Roger Stéphane. Lorsqu'il est arrivé à Fresnes, on lui a dit sans ménagements de se « mettre à poil », de s'accroupir et de tousser. Ensuite on lui a confisqué tous les menus objets absolument indispensables au confort (si j'ose dire) cellulaire. Puis, M. Roger Stéphane s'est mis à marcher de long en large (six pas en avant, six pas en arrière) dans son cachot en maudissant, je veux le croire, ses propres amis qui ont si inconsidérément supprimé en France le régime politique.

Toutefois, M. Stéphane n'a pas eu à maudire longtemps ses amis. Une semaine ne s'était pas écoulée qu'une république véritablement athénienne rétablissait en faveur de cet intéressant personnage les dispositions réactionnaires mais confortables que les démocrates éclairés avaient bannies de notre système pénitentiaire et dont, en conséquence, on avait refusé le bénéfice, lorsque les matins chantaient, à Charles Maurras, à Abel Hermant, à Georges Claude, à l'amiral Abrial et à quelques dizaines de milliers d'autres malfaiteurs aussi invétérés

Pour M. Stéphane, par contre, la prison est devenue presque tout de suite « politique. » Cela signifie qu'il pouvait lire les journaux (sans se cacher), garder tout le jour la porte de sa cellule ouverte (sans corrompre les gardiens), se promener dans la cour (ou le jardin), quand cela lui convenait, bénéficier d'une alimentation de choix (dont le règlement prévoit minutieusement le détail), écrire à sa guise et recevoir des visites de l'extérieur sans grillages ni limitation de temps, ni surveillance.

C'est cette sorte de prison-là, survivance des « horreurs » de la Bastille, qu'a connue Rochefort au XIXe siècle et que connut Daudet au début de ce siècle, à cette époque toute proche et pourtant fabuleusement reculée où nul ne parlait encore d'« humaniser » les établissements pénitentiaires et où Stendhal écrivait dans « *Le Rouge et le Noir* » :

« Le pire des malheurs, en prison, c'est de ne pouvoir fermer sa porte. »

C'est donc dans une prison sans verrous — en somme dans une prison d'ancien régime — que le plus progressiste des journalistes viets de langue française a pu attendre bien confortablement que la conscience universelle eût enfin raison des scrupules du Parquet.

Les conditions matérielles du séjour à Fresnes de M. Stéphane ne sont d'ailleurs qu'accessoires puisque ce séjour ne fut qu'éphémère. Le scandale, c'est l'arrestation en soi. Car M. Roger Stéphane appartient en effet à une catégorie de citoyens qu'une République digne de ce nom se doit de n'inquiéter sous aucun prétexte. Je ne parle pas seulement de ses origines qui donnent à la décision du juge Duval un vilain relent de fanatisme racial. Je ne dirai rien des affinités électives : depuis le procès d'Oscar Wilde, il est entendu une fois pour toutes que la justice se ridiculise en faisant des misères aux bergers d'Arcadie. Je ne veux pas évoquer enfin les fantastiques services que M. Stéphane a rendus à la Résistance en arrêtant M. Pierre Taittinger [5] dès le départ des Allemands ni les services plus récents qu'il a rendus à son patron le Superman.

Ce serait là des raisons suffisantes pour qu'on eût épargné la prison à M. Roger Stéphane. Mais il est une autre raison qui devrait dissiper toutes les hésitations : M. Stéphane est de gauche. Et même d'extrême-gauche. Or la liberté, comme on l'a fréquemment répété après M. Malraux, appartient à ceux qui l'ont conquise, c'est-à-dire,

---

5. — Pierre Taittinger : *Et Paris ne fut pas détruit*, p. 208 et suivantes.

par définition même aux hommes de gauche. Et la prison, toujours par définition, doit être exclusivement réservée aux hommes de droite. C'est tellement vrai que, de mémoire de républicain, on n'a jamais vu la Ligue des Droits de l'Homme ou les Associations de Presse protester contre d'autres arrestations que celles des gens de gauche. Qui a protesté contre l'arrestation de Maurice Bardèche ?

M. Stéphane, dira-t-on, a servi l'ennemi par ses écrits. C'est l'opinion du juge Duval. Mais c'est un grief qui ne résiste pas à quelques secondes d'examen. Les Viets avaient beau torturer et tuer des soldats français, ils ne pouvaient pas être des ennemis puisqu'ils étaient de gauche et qu'il n'y a pas d'ennemi à gauche. Donc, si M. Stéphane a eu des intelligences avec les vainqueurs de Dien-Bien-Phu, l'intelligence avec l'ennemi ne peut être retenue.

Je crois en avoir assez dit pour démontrer la monstruosité de cette arrestation. J'ajoute qu'elle a constitué, par surcroît, un passe-droit qui heurte mon sens de l'équité.

Si estimable que soit M. Stéphane, il n'en est pas moins un tout petit personnage au talent modeste qui eût eu bien du mal, sans un fabuleux concours de circonstances, à trouver un poste de rédacteur de chiens écrasés dans un journal normal et non-issu.

Or, on lui a octroyé à Fresnes la cellule qui revenait en bonne justice à ses supérieurs hiérarchiques, à M. Jacques Duclos ou à M. d'Astier de la Vigerie. On a fait de ce lampiste une grande vedette.

Pire : on en fait un martyr. Et un martyr au rabais. Parce qu'il a, sans risquer de longues années de bagne, passé quelques jours dans une cellule de Fresnes, M. Roger Stéphane peut désormais paraphraser superbement Anatole France :

> « *On peut dire qu'un homme qui n'a pas été condamné tout au moins à la prison, honore médiocrement sa patrie* [6]. »

Oui, tout bien pesé : cette arrestation de M. Stéphane fut un inadmissible scandale.

---

6. — Histoire comique.

Hervé (Pierre)

Personnellement, je trouve cette mésaventure de M. Pierre Hervé plutôt plaisante. Et plaisante aussi l'âpre solennité des penseurs de presse qui se sont rués sur cette cornichonnerie comme si, tout soudain, le cours de l'histoire allait en être infléchi.

Les faits sont pourtant d'une burlesque banalité. M. Pierre Hervé, intellectuel-robot de la brigade culturelle des acclamations (et imprécations) bolcheviques, s'est brusquement aperçu après vingt-cinq années de bonnes et loyales reptations — un peu lent dans ses réflexes, le camarade professeur — que ses patrons avaient moins de considération pour sa personne humaine que pour celle d'un manœuvre-balai.

Ce sont des choses qui arrivent. Les animaux les mieux dressés en viennent parfois à regimber sous les coups d'étrivière.

Mais même si M. Pierre Hervé était allé jusqu'au bout de ses ruades, s'il avait brisé ses harnais et rejeté résolument tous les mythes qui sont les composants de sa servitude, je ne vois guère, pour ma part, en quoi il y aurait lieu de pavoiser. Une petite tranche de veau gras, à la rigueur, pour respecter la tradition évangélique. Mais que les brevets d'intelligence restent à ceux qui comprennent un peu plus promptement.

Or il ne s'agit même pas de cela. Le petit bouquin de M. Pierre Hervé *« La révolution et les fétiches »* qui a déclenché de si furieuses tempêtes sous les crânes de l'intelligentzia écarlate et qui plonge dans un tel ravissement les chroniqueurs de la bourgeoisie nantie, ça n'est point un cri de guerre, c'est un humble, très humble cahier de doléances du syndicat des gens de maison.

M. Pierre Hervé ne jette point aux orties son gilet rayé, il demande son samedi après-midi et le droit d'omettre parfois — pas souvent — de parler à ses maîtres à la troisième personne. Il souhaite en somme que l'intellectuel soviétique jouisse d'un petit semblant de dignité, d'une modeste parcelle de liberté, qu'il lui soit permis, par exemple, d'exprimer une opinion à peu près personnelle sur des sujets d'ailleurs mineurs et de tout repos, étant bien entendu que si l'adulation des fétiches subalternes, telle que la pratiquent MM. Aragon et Claude Roy (et que la pratiquait M. Hervé) est plutôt dégradante, l'adulation des fétiches majeurs reste un impératif absolu.

M. Pierre Hervé a écrit tout son livre contre les fétiches, sans cesser un instant de se tenir les talons joints, le petit doigt sur la couture du pantalon, le regard à six pas, au garde-à-vous devant Lénine et Staline, fétiches géants. Et le caporalisme intellectuel qu'il dénonce, il en fait retomber toute la faute — avec un irréprochable conformisme — sur le seul Béria.

Béria, ce pelé, ce galeux d'où nous vient tout le mal. À ce trait, on mesure le sérieux de la « révolte » de M. Pierre Hervé.

Il a suffi pourtant qu'un intellectuel communiste dise un peu publiquement qu'il n'y a pas tout à fait assez de jeu dans son licol pour qu'entrent en transe, instantanément, tous ceux qui, sans avoir l'honnêteté élémentaire de s'inscrire au P.C., vivent dans l'attente religieuse d'un miracle au Kremlin.

Et d'échafauder aussitôt, à partir du livre de M. Hervé, les plus délectables constructions de l'esprit. Pour qu'un communiste toujours membre du parti se permette de pareilles audaces (hi ! hi ! hi !) — *cum superiomm permissu*, évidemment — c'est donc qu'il y a bien quelque chose de changé et qu'un « tournant » s'amorce. C'est donc qu'après la tyrannie stalinienne on est entré dans l'ère libérale, c'est donc que la « détente » n'est pas un attrape-nigaud, c'est donc qu'on peut faire confiance, dans la nuit, au sourire Colgate du grand papa Boulganine, c'est donc que le Front popu s'impose.

Et *patati* et *patata*.

L'*Huma* laissait dire.

Son silence gonflait d'une délicieuse espérance les maniaques obstinés du charme slave. Pas de doute : les communistes étaient bel et bien, non pas comme ils sont mais comme ils devraient être, comme les imaginent les baronnes mendésiennes du XVIe arrondissement et les repus qui engraissent dans le sillage de M. Claude Bourdet.

Et puis, vlan ! Brusquement, le couperet de l'*Huma* est tombé. M. Pierre Hervé est excommunié, rejeté dans les ténèbres extérieures. Ce respectueux, un tout petit peu irrespectueux, n'est plus qu'un monstre génocide à face de rat qui sable la sueur du peuple dans les hanaps déshonorés des fauteurs de guerre bactériologique.

Du coup, bien sûr, tous les laborieux syllogismes des cryptos, des paras et autres compagnons de route s'effondrent grotesquement. Puisque M. Hervé est excommunié, c'est donc — *ergo !* — qu'il n'y a rien de changé à Moscou, c'est donc que la « détente » n'est qu'un piège. Et grossier par surcroît.

Mais cela nous le savions sans qu'il fût besoin de la dérisoire petite supplique de M. Hervé pour nous l'apprendre.

Quant aux « autres », cette mésaventure ne leur apprendra rien non plus, puisque le propre de ces gens-là est de se refuser par système aux évidences et d'être incapables de s'instruire par l'expérience, de comprendre les leçons de l'histoire. Ou sans cela, ils ne seraient ni démocrates, ni marxistes, ni progressistes.

Il demeure également que dans cette querelle entre M. Pierre Hervé et son parti, c'est naturellement — je le dis sans la moindre ironie — le parti qui a raison. Car lorsqu'on a accepté les buts (proprement abominables, certes) du communisme, il faut en vouloir les moyens. Et le grand mérite des bolcheviks — ici encore je le dis sans ironie — c'est qu'ils savent vouloir les moyens de leurs fins, sans préjugés ni défaillance. Or l'un de ces moyens est la subordination absolue des intellectuels aux nécessités temporelles de la révolution. Alors on peut faire de grandes choses.

Avec des intellectuels laminés par l'« appareil », strictement réduits à des fonctions de propagande ou de publicité et privés de la plus petite marge de liberté, avec des adjudants diplômés, on conquiert la moitié du monde et l'on peut espérer conquérir l'autre moitié.

Avec des intellectuels ergoteurs, aveuglés par les nuances, acharnés à faire subir aux mouches les derniers outrages, l'esprit y trouve peut-être son compte, mais l'action en est paralysée et l'on bascule dans le byzantinisme.

Et certes, M. Pierre Hervé n'allait pas bien loin dans ses velléités de discussion. Mais c'était déjà trop. C'est sans hésitation ni murmure que l'intellectuel doit fonctionner.

À la première incartade, au trou !

Les maisons bien tenues sont comme ça.

Le parti aura d'ailleurs moins de peine à remplacer M. Pierre Hervé qu'à remplacer le garçon de bureau de l'*Huma*. Pour vomir ou aduler, alternativement, au sifflet et du même souffle Béria ou Tito, ce ne sont pas les professeurs qui manquent : on se bouscule aux portillons.

Quéval (Jean)

*I*L y avait une fois, sous l'occupation allemande, un petit journaliste besogneux fils d'un illustre marchand de tissus qui s'appelait Jacques Dormeuil et se faisait appeler Jean Quéval. C'était une espèce de grand pandour à la carcasse anguleuse, au visage chevalin, au rire hennissant, à la poignée de main molle et fuyante assortie de sueur visqueuse. Sa syntaxe était hésitante et son humour épais, mais il avait l'âme haute et les viscères barrésiens : dès qu'il entendait couiner les fifres de l'ennemi héréditaire, il voyait tricolore et sa veine jugulaire se gonflait de globules tyrannicides. Ou du moins c'est ce que laissent entendre ses écrits postérieurs à la libération. Quant à ses écrits antérieurs, ils ne permettaient évidemment pas de rien présumer de semblable. N'était-ce pas, d'ailleurs la sagesse même, la précaution élémentaire que recommande le « *Manuel du Parfait Petit Artisan du Double Jeu* » ? À quoi eût servi d'attirer l'attention de l'envahisseur avant qu'il eût tourné les talons ?

Donc, au lieu de prendre bêtement le maquis comme les patriotes téméraires, c'est à l'Agence *Inter-France* que M. Jean Quéval préparait les lendemains mélodieux de la chose publique ressuscitée, à l'Agence *Inter-France* qui était — comme on sait, ou comme on ne sait plus — l'abomination de la désolation collaborationniste. Nanti de ce râtelier lucratif, M. Jean Quéval pouvait voir venir. N'étant point exagérément enclin à écrire, il ne risquait pas de se compromettre. Mais tout de même, si les cohortes du IIIe Reich l'avaient emporté, M. Jean Quéval eût pu se prévaloir de ses fonctions à *Inter-France* pour se faire titulariser sans peine pionnier de l'Europe Nouvelle.

Restait l'autre hypothèse, la plus vraisemblable depuis Stalingrad, celle d'une victoire des paladins de la démocratie. Elle ne devait pas prendre au dépourvu le collaborateur de l'agence maudite. Car si M. Quéval défaille à la vue d'un feuillet vierge qu'il lui faut noircir de sa seule inspiration, dès qu'il s'agit de copier, il ne craint plus personne. Certains journalistes sont ainsi : moins ils écrivent et mieux ils se portent.

Pendant les années noires qui précédèrent les années roses, M. Quéval écrivit peu et copia énormément. Il copia tout ce que ses confrères écrivaient de marquant, de vigoureux, de décisif.

Il copia le tout sur des fiches. Comme les flics de la Tour Pointue.

Comme les Francs-Macs du général André.

À toutes fins utiles. Et il n'est pas douteux que les fiches de M. Quéval eussent permis de composer une assez plaisante apologie de la Révolution Nationale. Telle était peut-être, d'ailleurs, l'intention de l'archiviste lorsqu'il entreprit sa compilation.

Qui pourrait le dire ?

Les voies du patriotisme sont tellement impénétrables…

Mais le fait est que la fortune des armes s'infléchit de telle façon qu'une seule utilisation pratique demeura pour ces piles de matériaux : le rapport de police. Les mêmes textes qui, en d'autres circonstances eussent pu démontrer la clairvoyance de leurs auteurs, n'étaient plus que la preuve de leur trahison.

Telles sont les joyeusetés des guerres civiles.

C'est ici que s'affirma la conscience proprement romaine de M. Quéval. Tout autre, moins affranchi des préjugés petits-bourgeois, eût peut-être renâclé à se faire le pourvoyeur des charniers et des bagnes de l'épuration, à mâcher la sale besogne des argousins à fourragère rouge et des magistrats parachutés. Cet autre se fût dit qu'il n'était sans doute pas excessivement élégant de désigner aux feux de salve tant de confrères avec qui l'on avait partagé le pain et le sel des temps difficiles.

M. Quéval ne se dit rien de semblable. Et pas un instant il ne renâcla. Il tenait, sur fiches, un rapport de police bien juteux. Il eût été par trop jobard de ne pas s'en servir. D'autant que l'opération était intéressante à des titres divers. Pour commencer, M. Quéval se dédouanait. C'était le plus urgent.

Quelle meilleure preuve pouvait-il donner de son civisme que le balançage des petits copains ? Ainsi font les chevaux de retour qui briguent — quelle zoologie ! — la bienveillance des poulets. De plus, l'auteur escomptait, non sans raison quelques bénéfices substantiels d'une publication aussi manifestement orientée dans le sens du devenir jacobin. Enfin, c'était un moyen d'accéder à la notoriété : M. Quéval eut, en effet, son heure de gloire. Mais pas une minute de plus : depuis 45, M. Quéval a replongé sans appel dans son néant d'origine.

Restait à trouver un éditeur pour le rapport de police. Ce fut extrêmement facile. La firme Fayard se rua sur l'aubaine. Comme tout le monde, elle avait un petit peu besoin, elle aussi, d'afficher son esprit de résistance, de faire oublier la publication en zone sud d'un *Candide* très orthodoxement maréchaliste. Et les directeurs de cette firme qui ne se consolaient point d'avoir jadis créé *Je Suis Partout*, n'étaient sans doute pas mécontents de contribuer ainsi à faire quelque peu fusiller les rédacteurs de cette feuille insupportablement fidèle.

Battant pavillon Fayard, le rapport de police parut donc sous le titre pimpant de « *Première Page, Cinquième Colonne.* » Du coup, la besogne des juges d'instruction chargés de tourmenter les écrivains se trouva faite. Plus besoin d'aller perdre des heures fastidieuses à consulter les collections de la Nationale. Tous les textes pendables (avec références, bien sûr) s'alignaient dans le dénonciation-digest de l'ex-rédacteur d'*Inter-France*. Il ne restait plus qu'à en donner lecture (avec des inflexions outragées) aux inculpés, à traduire ces mal-pensants devant les jurés-terrassiers des Cours de Justice, et à dénombrer ensuite, en rigolant, les cadavres et les siècles de bagne.

En 45, dans la clandestinité autrichienne, j'avais lu cette compilation avec un furieux écœurement. Parce que les bourriques me donnent des nausées. Parce que dans la hiérarchie des vilenies, *Première Page, Cinquième Colonne* est sans doute ce que l'on peut concevoir de plus vil.

Ce livre vil, je viens de le relire onze ans plus tard. Mais cette fois, avec des sentiments bien différents. Maintenant que le mal a été fait, que les condamnations ont été prononcées — et le plus souvent purgées — les délations de M. Quéval prennent, en raison même de leur laborieuse ampleur, un sens que l'auteur n'avait pas prévu, et le réquisitoire se mue en plaidoyer.

Officiellement, en effet, la collaboration fut l'œuvre d'une petite poignée de traîtres. Mythe indispensable pour sauvegarder l'amour-propre national, pour parer la résistance d'un lustre majoritaire, pour en faire l'expression de la volonté quasiment unanime du pays. Mais à la lueur de *Première Page, Cinquième Colonne*, comment pourrait-on s'acharner à accepter ce mythe ? C'est qu'emporté par son zèle policier, le petit mouchard a trop bien fait les choses. C'est qu'il ne se contente pas de dénoncer les victimes expiatoires. Il dénonce tout le monde, en vrac, tous ceux qui, peu ou prou, glissèrent leur prose dans l'engrenage infamant de la presse parisienne occupée, les traîtres homologués, les demi-traîtres, les quarts-de-traîtres, les innocents et les héros rétrospectifs.

Cela fait, en définitive, énormément de gens et énormément de talent. Et cela donne — du moins au cours des années 40, 41 et 42 — une saisissante impression d'unanimité française. Avant que la victoire des croisés de la Conscience Universelle devînt certaine et inspirât de la prudence aux opportunistes, la « petite poignée », c'étaient les écrivains et les journalistes qui refusaient de se faire imprimer dans les journaux de Paris. Quant aux autres, en masses compactes, ils se bousculaient aux portillons de la collaboration.

Aujourd'hui, on l'a oublié, on ne veut plus le savoir. Une bonne fois pour toutes, il est entendu que la collaboration intellectuelle, ce fut seulement Brasillach, Bonnard, Rebatet, Suarez, Georges Claude (flanqués de plumitifs un peu moins reluisants), qu'elle fut en somme l'apanage de gens qui eurent le tort d'être sans équivoque dans leurs écrits ou le tort plus impardonnable encore de n'avoir pas retourné leur veste, d'être restés jusqu'au bout, absurdement fidèles à leur idéal.

Mais la collaboration intellectuelle, ce fut aussi — je cite au hasard d'après le rapport de police de M. Quéval — Colette, Claude Farrère, Jean Cocteau, Léon-Paul Fargue, Paul Fort, Sacha Guitry, Jean Anouilh, Audiberti, Marcel Carné, Montherlant, Jean Sarment, Octave Aubry, Pierre Benoit, André Bellessort, Jacques Boulenger, Robert Desnos, Charles Dullin, Léon Frapié, Céline, Marcel Lherbier, La Varende, Paul Morand, Pierre Mac Orlan, Victor Margueritte, Henri Poulaille, Maurice Rostand, Georges Simenon, Henri Troyat, Maurice Yvain, Marcel Aymé, Marcel Berger, René Barjavel, Félicien Challaye, Luc Durtain,

Bernard Grasset, Pierre Hamp, Gabriel Hanotaux, Henri Jeanson, La Fourchardière, Titayna, Alfred Fabre-Luce, Louis-Charles Royer, Pierre Mille, H.R. Lenormand, Bertrand de Jouvenel, Jacques Roujon, Émile Roche, J.H. Rosny jeune, André Salmon, Alphonse Séché, Francis Delaisi, Pierre Varenne, etc., etc..

Et certes, tous ces auteurs inégalement illustres que M. Quéval énumère complaisamment sans se rendre compte que leur masse même constitue une sorte de plébiscite de l'élite française, ne rédigeaient point des éditoriaux de choc. Ils se cantonnaient, pour la plupart, dans la littérature, l'art, l'histoire, l'économie. Mais enfin, personne ne les obligeait à offrir leur prose et leur signature, à donner ainsi un éclat incomparable à la « trahison. » Il ne m'apparaîtrait jamais pensable, par exemple, d'accepter de tenir une rubrique — fût-ce de philatélie — dans l'*Humanité*. Par contre, ces écrivains acceptaient fort bien que leur littérature, leur art, leur histoire ou leur économie voisinassent avec les textes atroces des collabos et fussent soumis à l'imprimatur de la Propagandastaffel. Cette conjoncture ne leur donnait pas de haut-le-cœur. Ou elle ne leur en donna qu'avec un certain retard, un retard coïncidant le plus souvent avec le renversement des pronostics militaires. Certains toutefois, comme le délicieux Marcel Aymé, ou le génial Jean Anouihl, sont restés admirablement fidèles aux amis de ces jours malaisés. D'autres, comme Céline, ont jugé plus expédient de tout renier. D'autres, enfin ont cru habile de se déshonorer en renchérissant sur les procureurs de la IVe.

Mais quoi qu'il en soit, grâce à l'anodine respectabilité de la littérature, de l'art, de l'histoire et de l'économie, et en dépit des mouchardages de M. Quéval, la plupart des auteurs sus-cités ont échappé aux petits matins blêmes et à la paille humide.

Tout le premier, moi qui ai « payé », je m'en réjouis. Et je me réjouis de m'être trouvé, lorsque je « trahissais la France », en si bonne compagnie.

Si M. Quéval ne m'avait rafraîchi la mémoire, je risquais, à mon tour, de l'oublier...

Ancel (Alex)

Depuis le procès des fuites, la France compte un nouveau martyr de la liberté. Ça n'est point une circonstance négligeable. Dans cette amère conjoncture où les méchants s'efforcent d'ensevelir notre hexagone, les martyrs de la liberté sont le réconfort des âmes hautes. Et quel temps fut jamais plus fertile en martyrs ?

Évidemment, ce sont des martyrs point exagérément martyrisés, des martyrs dont la dent du lion ne modifie pas l'esthétique et qui décrochent leur palme sans se faire transformer en écumoires, qui s'en tirent comme MM. Stéphane et Bourdet avec quelques heures d'arrêt de rigueur, ou comme le professeur Marrou avec une visite domiciliaire. Mais sont-ils moins martyrs pour autant ? Leur assène-t-on, dans la presse-issue, des coups d'encensoir qui seraient indignes d'Harmodius et d'Aristogiton ?

Le dernier en date de ces intrépides martyrs, M. Alex Ancel, du *Parisien Libéré*, sauvagement expulsé du tribunal des fuites par un président féodal, ne dépare point la noble cohorte, et l'on comprend que toute la presse judiciaire ait tenu à se solidariser avec lui. Impossible, en effet, d'imaginer figure plus attachante, journaliste plus scrupuleux, patriote plus intimement pénétré des impératifs de la liberté.

Je connais bien mal, hélas, ce sympathique confrère.

Je ne l'ai rencontré qu'une seule fois. Mais dans des circonstances qui ont permis à ce héros de donner d'un seul coup toute sa mesure, de montrer d'un seul coup de quoi il était capable. Et l'on comprendra que je tienne, en rapportant ces circonstances, à apporter, moi aussi, ma petite contribution à l'hagiographie de M. Alex Ancel.

C'était en février 1946. Je résidais alors sur la paille humide de Fresnes, attendant que la sereine justice de la Quatrième me fît expier mes forfaits. Périodiquement, on m'arrachait à la fraîcheur non-conditionnée de ma cellule pour me conduire rue Boissy-d'Anglas où le bon juge Zousmann me lisait mes articles à haute voix (je n'ai jamais eu d'aussi fidèle lecteur) et me demandait pourquoi j'avais écrit de pareilles abominations.

Ces séances d'instructions étaient obligatoirement annoncées à l'avance afin que l'avocat de l'inculpé pût être présent.

Or, un jour, on m'amena de bon matin à Boissy-d'Anglas sans le moindre préavis. J'étais fort intrigué par cette procédure insolite.

Y avait-il un « fait nouveau » ?

Faisais-je l'objet d'une commission rogatoire imprévue ?

Rien de tout cela.

La journée s'écoula, morne, fastidieuse, dans la pièce gluante qui servait d'antichambre à l'instruction sans que nul pût me dire pourquoi je me trouvais là.

Tous les autres passagers du panier à salade de Fresnes étaient appelés, les uns après les autres, chez leurs juges respectifs. Moi, on me laissait sur mon banc.

C'est à la nuit seulement, peu avant le retour à la prison, que je compris. On me fit passer dans une pièce voisine. Et avec moi, un autre journaliste, au dossier aussi lourd que le mien.

Alors, un photographe de presse entreprit, séance tenante, de nous mitrailler sous tous les angles, dans un crépitement d'éclairs de magnésium. À côté du photographe se tenait un grand garçon, un peu gauche. C'était M. Alex Ancel. Je le voyais pour la première fois, mais mon camarade le connaissait ; ils avaient travaillé ensemble, avant la guerre, au *Petit Parisien*.

— Tu fais, lui dit mon camarade, un bien vilain métier. Tu n'as pas honte de venir photographier comme ça, des gens qui sont dans le malheur, qui risquent leur tête...

M. Alex Ancel s'indigna :

— Ne crois surtout pas ça. Je n'ai que de bonnes intentions à votre égard. C'est pour tâcher d'arranger vos affaires que je fais ce reportage, pour vous présenter au public sous un jour favorable, pour faire éclater votre innocence...

Et d'enchaîner sur une diatribe contre les horreurs de l'épuration :

— C'est une honte de vous traduire en justice ... Puis-je faire quelque chose pour vous ? Avez-vous un message à transmettre ? Des coups de téléphone à donner à vos familles, à vos amis ? Voulez-vous des cigarettes ?

Pendant ce temps, le cameraman continuait à accumuler les clichés. Mais nous avions cessé d'être irrités. Nous étions tout souriants, tout attendris par la gentillesse, par la sympathie de M. Alex Ancel. Et, lorsque le moment fut venu de remonter dans le fourgon cellulaire, nous nous quittâmes sur de chaleureuses poignées de main.

Après tout, ce M. Alex Ancel qui avait le bras si long — assez long pour que la justice-issue ne lui refusât pas de transférer deux inculpés de Fresnes à Paris uniquement pour faciliter son reportage — ce n'était point un mauvais cheval. Il y avait décidément des braves gens partout ...

Quelques jours plus tard, on m'apportait — en douce — le reportage photographique que M. Alex Ancel avait réalisé pour « arranger nos affaires. »

Il était intitulé, sur une double page de l'hebdomadaire *Le Globe* (aujourd'hui disparu) :

« *Ces hommes n'ont plus que cent jours à vivre.* »

Et les photos prises pendant que M. Alex Ancel nous apaisait et nous réconfortait, étaient présentées comme une sorte de film dont les sous-titres prétendaient être un dialogue sténographié. Mais quel dialogue ! L'auteur nous faisait fanfaronner notre trahison, il nous faisait dire, avec des guillemets, que nous déplorions la victoire des alliés, que nous approuvions les atrocités de la Gestapo, etc., etc.

Parce que, bien sûr, si damnables que fussent les articles que mon camarade et moi avions réellement écrits pendant l'occupation (et que nous ne songions pas à renier), il subsistait une faible chance pour qu'ils ne suffisent pas à nous faire fusiller (en fait, nous ne l'avons pas été.)

Cette regrettable circonstance n'avait point échappé à la vigilance de M. Alex Ancel. Il fallait décidément en « rajouter » pour qu'on fût vraiment bien sûr que les fusils libérateurs ne nous rateraient pas. Le faux patriotique s'imposait donc de toute évidence. Et comment M. Alex Ancel eût-il obtenu des sourires « cyniques » sur le visage de ses traîtres s'il ne les avait accablés de bonnes paroles ? Avec des gens qui devaient mourir, ce plaisant subterfuge ne s'imposait pas moins que le faux patriotique. Il était de bonne guerre. Il révélait tout à la fois la haute conscience que se fait de son devoir M. Alex Ancel, martyr de la liberté, et l'exquise délicatesse de cette nature d'élite.

J'ai revu M. Alex Ancel pendant les six journées de mon procès. Et je puis témoigner que si, au tribunal des « fuites » il souriait volontiers, devant moi, il n'a pas souri une seule fois. Pas une seule fois non plus, mon regard n'a pu accrocher le sien. J'avais pourtant bien envie de le regarder en face. Mais il préférait regarder ailleurs, cet homme pur.

Ensuite, lorsqu'après 141 jours de « chaînes », je fus gracié, la seule note véritablement furibonde parut dans *Le Parisien libéré*.

C'était rageant, bien sûr, de s'être donné tant de mal pour faire fusiller un confrère et d'apprendre que, tout compte fait, il allait vivre, qu'on pourrait un jour se trouver nez à nez avec ce vaincu piétiné... On a beau être un martyr de la liberté et l'honneur de la presse rénovée, ce sont des choses qui vous restent un petit peu en travers de la gorge.

Dead men tell no tales...

IV

La Braderie

TRUISMES AFRICAINS

Lorsque les Français se révoltèrent en 1789, ce n'était point parce qu'ils étaient sous-alimentés. La France était, de très loin, le pays le plus puissant, le plus peuplé, le plus prospère du monde. C'est longtemps après, que les historiens ont post-fabriqué le mythe des septembriseurs affamés. Aujourd'hui, on tente de donner à l'insurrection africaine la même justification viscérale. C'est tout aussi imbécile. Les indigènes de Tunisie, d'Algérie et du Maroc ne sont nullement poussés par la misère. Dans l'ensemble, ils jouissent d'un niveau de vie incomparablement supérieur à celui des autres pays arabes. Ils ne tirent pas sur les Français pour avoir des écoles ou des dispensaires. Après avoir tiré sur les Français, ils se hâtent de brûler les écoles et les dispensaires. Et ce n'est pas en multipliant les écoles et les dispensaires qu'on les désarmera.

S'il y a des problèmes sociaux en Afrique du Nord, ils s'y posent ni plus ni moins que dans le reste de l'Empire français, ni plus ni moins que dans le reste du monde. L'Aurès n'est pas un problème social. C'est un problème politique, c'est-à-dire, essentiellement, une question de force.

Les Bolcheviks ne sont pas assez forts pour attaquer simultanément sur tous les fronts. Ils sérient leurs efforts. Lorsque la guerre de Corée fut terminée, on pouvait être assuré que le coup de grâce ne tarderait pas en Indochine. Et lorsque M. Mendès eut capitulé devant Ho-Chi-Minh, on pouvait être certain que les Bolcheviks passeraient sans attendre à la phase suivante de leur plan de domination mondiale, à la phase nord-africaine, selon toute vraisemblance. Nous y sommes. Si les successeurs de M. Mendès (ou M. Mendès lui-même, remis en selle par quelque néo-Front popu) capitulent en Afrique du Nord, les Bolcheviks n'en seront pas apaisés pour autant. Ils repartiront, ailleurs, à l'attaque. À Madagascar par exemple, ou au Cameroun, ou aux Antilles.

Pourquoi dans les possessions françaises ? Parce que, dans la coalition des trois « Grands » occidentaux, la France est de loin, le pays le plus débile, le plus vulnérable, le plus gangrené par la cinquième colonne soviétique, celui qui, grâce à l'infatigable compagne de trahison des intellectuels progressistes et rouges chrétiens, est le moins assuré de son bon droit. Or, c'est une règle élémentaire de l'art militaire de jeter le maximum de forces sur le point le plus faible de la coalition ennemie. Les Clausewitz qui inspirent la stratégie soviétique le savent bien. Et ils agissent en conséquence.

Ce n'est pas en Afrique que la France perd l'Afrique. C'est à Paris.

Si les Français de Tunisie, d'Algérie et du Maroc étaient libres de régler les choses à leur manière, il n'y aurait pas de problème nord-africain. Pas plus qu'il n'y a de problèmes dans les colonies portugaises. Là il n'est pas besoin pour rétablir l'ordre de déplacer des divisions blindées et des centaines de milliers de soldats. Quatre hommes et un caporal suffisent.

Les fellagha sont « hors la loi. » Pourquoi hors la loi ?

MM. Duclos et Thorez sont bien dans la loi. Dans le Parlement. Dans le Système. Et MM. Duclos et Thorez (sans parler des gens de l'*Express*) sont autrement dangereux pour l'Empire français qu'un pauvre diable d'arabe embusqué, avec son escopette, au détour d'un rocher.

Avec MM. Duclos et Thorez en liberté, la France ne pouvait pas gagner la guerre d'Indochine.

Avec MM. Duclos et Thorez en liberté, la France ne peut pas gagner la guerre d'Afrique du Nord. Ni d'ailleurs aucune autre guerre.

Avec MM. Duclos et Thorez en liberté, la France doit se résigner à tout perdre, partout et toujours. Ceux qui affirment le contraire sont des mauvais plaisants.

Depuis dix ans, pour accéder en France à des fonctions de premier plan, il faut pouvoir prouver qu'on a été « dans la Résistance. » Ces titres de résistance sont vrais ou sont faux. Plus souvent faux que vrais. Mais l'authenticité importe peu. Ce qui compte, c'est l'état d'esprit. Le bourgeois gentilhomme était tout aussi féru de préséances que le duc de Saint-Simon. Et il suffit aujourd'hui qu'un Tartarin de la clandestinité ait réussi — ce qui n'était vraiment pas difficile — à se faire homologuer pour que son état d'esprit ne se distingue plus en rien de celui des résistants moins douteux. Or, la *Weltanschauung* de pareils individus a pour base essentielle le refus d'obéissance à l'autorité légitime, l'approbation des attentats terroristes, l'insurrection armée et l'acceptation de l'alliance communiste.

Dans la métropole, les inconvénients bien réels de cet état d'esprit sont tempérés, néanmoins, par la paix civique et par le scepticisme (ou, si l'on veut, par la veulerie) des citoyens. Il en va tout autrement en Afrique du Nord où toute une partie de la population est en train de faire ce qu'ont fait en France les vrais résistants et ce que les faux auraient bien voulu faire (et qu'ils ont, en tout cas, approuvé) : refus d'obéissance, attentats terroristes, insurrection armée, le tout sous la direction des communistes ou en étroite liaison avec eux.

Pour lutter contre ces résistants d'Afrique du Nord, si la France n'était pas un pays où tout est cul par-dessus tête, il semblerait logique que l'on dépêchât des hommes qui n'ont, à aucun moment de leur carrière, toléré l'insubordination, l'assassinat et les compromissions soviétiques. Mais c'est précisément et très exactement le contraire qui se produit. Les représentants de la France sont choisis non pas malgré les services (vrais ou faux) rendus à la Résistance, mais à cause de ces services (et, à coup sûr, à cause de l'état d'esprit qu'ils impliquent.) C'est ainsi qu'on a donné pour successeur au maréchal Lyautey M. Gilbert Granval (né Hirsch-Ollendorf) qui a gagné ses galons de colonel (fin) dans les embuscades terroristes contre les forces de l'ordre du maréchal Pétain.

Pourquoi pas, tant qu'on y était, Guingouin ? Avec accompagnement d'encouragements radiophoniques :

« *Les Fellagha parlent aux Fellagha !* »

Qui pourrait s'étonner, dans ces conditions, que les choses aillent comme elles vont ?

CONTE NUMIDE

Il y avait une fois, en Numidie, un prince de conte de fées qui s'appelait Jugurtha... (*À ces mots, il y a quelques décennies à peine, on m'eût interrompu tout net pour me rappeler que Jugurtha n'était nullement un prince de conte de fées, mais un personnage historique. C'est qu'en ces temps grossiers, on n'avait pas encore substitué à la culture — ce que je m'acharne naïvement à appeler la culture — quelques notions d'électricité et de mécanique, l'énumération des os du squelette et les lois du pendule. L'histoire grecque et romaine figurait encore au programme du bachot. Mais la démocratie a balayé cette superstition archaïque. Ce splendide progrès des lumières m'autorise ainsi à parler de Jugurtha comme d'un personnage féerique et en tout cas totalement inconnu, dont les agissements les plus vulgarisés, par les manuels d'antan, prennent le charme fascinant d'une révélation.*)

... un prince de conte de fée, donc, qui s'appelait Jugurtha et qui régnait sur des tribus turbulentes de cavaliers infatigables et intrépides.

Nous sommes à l'époque où tous les peuples libres de l'univers connu — des peuples que les racistes du Latium appellent barbares — sont menacés dans leur dignité humaine par des colonialistes aux doigts crochus, dont la cupidité et l'entêtement aboutiront à cette catastrophe sans précédent (et sans lendemain) : trois cents ans de paix romaine.

Sur les emplacements où s'édifieront plus tard Rabat, Alger et Oran, Jugurtha est menacé comme tout le monde. Et il n'est déjà plus tout à fait libre. Son père Massinissa a aidé Rome à abattre le deuxième « grand » du monde antique. Mais les soldats de Scipion Émilien n'ont pas détruit Carthage pour l'amour du *Kriegspiel*... Lorsque les Romains mettent le pied quelque part, ils y restent. Et, pour sauver les meubles, les indigènes n'ont plus d'autre choix, ensuite que de devenir les « alliés » du peuple romain, c'est-à-dire d'accepter un statut de protectorat.

Par héritage, bien qu'il demeure nominalement un sultan souverain, Jugurtha est un « protégé » des Romains. C'est là une condition bien déplaisante. En effet, les Romains imposent à leurs vassaux des servitudes extravagantes, ils exigent qu'ils maintiennent sur leur territoire un minimum d'ordre et de discipline et qu'ils cessent de s'entre-égorger ou d'égorger leurs voisins sans permission.

Jugurtha a l'âme haute, le goût de l'indépendance et le sens de ses intérêts dynastiques. Désireux — ce qui est, après tout, bien normal — d'arrondir ses États, il abrège un peu violemment l'existence d'un de ses neveux, qui est aussi son frère d'adoption, et il dépouille non moins violemment son second neveu-frère d'adoption. Or les deux neveux-frères d'adoption sont, comme lui, des protégés du peuple romain. À Rome, les ultra-colonialistes ont le mauvais goût de s'indigner de ces initiatives fraticides et certains vont jusqu'à préconiser la déposition du tumultueux sultan.

Mais Jugurtha connaît la musique.

Au cours de sa jeunesse, il a servi au titre étranger comme officier d'état-major (*cornes*) dans les légions de Scipion Émilien. Il sait que, si impérialistes qu'ils puissent être, les Romains n'en sont pas moins avant tout, préoccupés de luttes de clans et de combines électorales, qu'ils sont, en un mot, de bons démocrates, donc accessibles aux arguments sonnants et trébuchants.

Les émissaires du sultan, envoyés à Rome *dona ferentes*, font merveille. Ils ne tardent pas à créer, au sein même du Sénat, un parti jugurthiste dont le vocabulaire ne s'encombre point de considérations humanitaires — car la mode n'est pas encore à la conscience universelle et aux droits sacrés de l'individu mais dont l'action n'est pas moins efficace. En empilant les talents africains dans leurs coffres, les sénateurs comprennent que ce Jugurtha est bel et bien un interlocuteur valable et que la négociation vaut mieux que la répression. Au lieu de dépêcher à Jugurtha une expédition punitive, ils lui envoient une commission d'enquête présidée par un certain Opimius, sénateur.

Opimius arrive en Afrique et les cadeaux qu'il reçoit sur la passerelle même de débarquement le persuadent sans peine que Jugurtha est un interlocuteur plus valable encore qu'on ne l'avait imaginé.

Il rend donc une sentence qui confirme les acquisitions territoriales de Jugurtha et le blanchissent du meurtre de son neveu-frère adoptif.

Jugurtha, cependant, n'a pas renoncé à unifier l'Afrique du Nord. Sitôt Opimius reparti, il attaque au mépris de la foi jurée, son deuxième neveu-frère adoptif, Adherbal, qui règne sur la Tunisie. Nouvelle ambassade romaine, dirigée cette fois par le président même du Sénat (*princeps*), Marcus Æmilius.

À Rome, ce Marcus Æmilius avait porté sur le compte de Jugurtha des jugements sévères. C'est qu'il était mal informé. C'est qu'il n'avait pas encore compris à quel point Jugurtha était un interlocuteur valable. La vérité se fait très vite dans son esprit. Il suffit que Jugurtha y mette le prix. Marcus Æmilius rentre dans son pays, ployant sous les sacs d'or et laissant Adherbal « allié du peuple romain » à la merci de Jugurtha. Celui-ci ne perd pas de temps. Il se hâte de capturer Adherbal et, comme il a un dégoût bien oriental des trépas monotones, il le fait périr dans des supplices pleins de fantaisie.

Nouveau coup de sang des colonialistes romains, qui n'ont décidément que des notions proprement déraisonnables sur l'indépendance dans l'interdépendance. Et cette fois, ce n'est ni un simple sénateur, ni le président du sénat, c'est un consul, Calpurnius, appuyé par de solides légions, que l'on dépêche à Jugurtha. Mais Calpurnius n'est pas moins accessible que ses prédécesseurs à la générosité des sentiments. Après avoir reçu d'un interlocuteur de plus en plus valable de quoi assurer ses vieux jours et l'avenir de ses enfants, le consul se convainc aisément qu'il faudrait être englué dans un immobilisme navrant pour contrarier les légitimes aspirations de Jugurtha.

À Rome, cependant, le parti des ultras, c'est-à-dire le parti de ceux qui n'ont rien touché, ne désarme pas. Jugurtha est cité à comparaître devant les comices des tribuns. Il se rend à la convocation, et, comme il est maintenant tout à fait familiarisé avec le fonctionnement des institutions démocratiques, il sait qu'il lui suffit d'acheter un des tribuns, doté du droit de veto, pour n'avoir rien à craindre. Malheureusement, pendant que le sultan arrange ainsi ses affaires dans la capitale métropolitaine, un petit-fils de Massinissa, qui réside à Rome avec un statut de personne déplacée, s'avise tout soudain qu'il a, lui aussi, des droits sur le Maroc, l'Algérie et la Tunisie.

Voilà qui complique tout.

Mais c'est un obstacle dont Jugurtha n'est pas homme à s'embarrasser bien longtemps. Ne pouvant acheter ce parent indiscret, Jugurtha le fait proprement décerveler.

Hélas, les colonialistes ont l'impudeur de prendre les choses sans sérénité. Certains vont même jusqu'à hausser le ton, jusqu'à prononcer de grands mots, jusqu'à prétendre qu'il s'agit là d'un crime de droit commun, crime d'autant plus grave qu'il a été perpétré sous le couvert de l'hospitalité romaine, et ils demandent que Jugurtha soit arrêté sans plus attendre.

Mais Jugurtha déjoue, une fois de plus, les basses manœuvres des réactionnaires. Il a trop d'amis à Rome — des amis excessivement chers — trop d'amis épris de justice, de liberté et de progrès, trop d'amis influents et bien placés pour que sa personne humaine ne soit pas inviolable. Si on l'arrêtait, il parlerait, il dirait ce qu'il sait de la démocratie romaine...

Alors, au lieu de l'arrêter, on lui conseille bien gentiment de rentrer dans son pays.

Et il y rentre, en effet, en triomphateur. Il est Jugurtha le Magnanime, il est le chef bien-aimé qui a fait perdre la face aux Romains. Il se croit tout permis et il croit que tout est possible.

Pour commencer, il se livre à d'affreux carnages de colons romains (mais un carnage de colons est-il jamais affreux, n'est-il pas plutôt un soulagement pour les gens de cœur?)

Puis, lorsque les Romains se décident — enfin — à renoncer aux « négociations », pour passer à la répression, Jugurtha attire les légions justicières dans une cuvette — la cuvette a toujours fasciné les chefs de guerre — et il les oblige à passer sous les fourches caudines.

Ensuite, bien sûr, ça c'est tout de même très mal terminé pour Jugurtha.

Vaincu par Marius, Jugurtha finit ses jours à la prison Mamertine...

Mais quelle économie de sang, de sueur et de larmes, si dès le premier jour, les Romains avaient refusé de discuter...

Pourquoi je raconte cette histoire, jadis si connue ?

Pour rien. Parce que, n'est-ce pas, il ne saurait y avoir la moindre analogie entre la politique sauvagement impérialiste de la Rome antique et le rayonnement civilisateur de notre démocratie. Et parce qu'il serait impensable que notre république dure et pure pût connaître rien qui ressemblât, même de loin, au processus de corruption que je viens d'évoquer. Une chose est certaine, archi-certaine, c'est que, s'il existe aujourd'hui, à Paris, un parti de Jugurtha, ce parti n'est mû, ne peut être mû que par les mobiles les plus nobles et les plus désintéressés.

———◄o►———

NOBLESSE ET LIMITES
DE LA DÉCOLONISATION

Les élèves des classes préparatoires aux grandes écoles recevaient au début de cette année un petit carton sur lequel on pouvait lire :

> *Mercredi 26 janvier*
> *8, place de la Sorbonne*
> *à 16 h. 30*
> *Le Père* MICHEL, *aumônier*
> *des étudiants d'outre-mer, parlera aux Khâgneux du :*
>
> « DEVOIR DE DÉCOLONISATION »

C'est là, de toute évidence, un texte fort important. Car jusque-là, l'Église enseignait à ses fidèles des devoirs d'une autre sorte, le devoir pascal, par exemple, ou le devoir conjugal, mais à ma connaissance les théologiens ne s'étaient point encore préoccupés de faire de la décolonisation une obligation chrétienne. Il me semble même — je parle au conditionnel, avec l'extrême prudence que commande mon ignorance des choses religieuses — que l'Église aurait plutôt favorisé, ces derniers siècles, les entreprises coloniales qui permettaient à ses missionnaires de franchir le rideau de fer du monde païen.

Il faudrait donc savoir si le « *devoir de décolonisation* » est une petite idée personnelle du Père Michel ou s'il reflète un *new look* de ses supérieurs, et si la vertu de décolonisation est en voie de devenir théologale.

Il se peut également — mais alors le caractère sacré de sa robe prête à équivoque — que le Père Michel, comme c'est son droit de citoyen, ait envisagé le devoir de décolonisation dans une stricte perspective civique.

Nous n'en disputerons point. Ce qui importe c'est que la décolonisation — laïque ou religieuse — ne soit plus seulement présentée comme une pénible nécessité, c'est qu'elle soit imposée comme un devoir. Et, certes, l'idée était dans l'air depuis pas mal de temps, depuis les « bons » sauvages des philosophes, depuis les mandements négrophiles du grand-père Hugo, et elle s'était épanouie, si j'ose dire, dans la prose contemporaine de M. Sartre, de M. Claude Bourdet et de M. Mauriac. Mais aucun de ces penseurs ne lui avait donné la forme péremptoire d'un impératif kantien.

Honneur, donc, au Père Michel, créateur du devoir de décolonisation. Tous les bons citoyens épris de justice et de progrès se réjouiront de cette initiative énergique et chacun saura désormais ce qu'il lui reste à faire, ce qu'il est urgent de faire : décoloniser.

Cela, j'imagine — et c'est ce qui rend l'entreprise tellement exaltante — au sens propre du terme, en respectant la pleine acceptation du préfixe « dé » qui marque, d'après le Larousse, « *la privation de l'état ou de l'action que comporte le mot auquel il est joint.* »

Or l'état et l'action que comporte le mot colonisation sont d'une telle bassesse qu'ils ont cessé d'être avouables, même dans les bouches les plus réactionnaires, et que les ministres des colonies eux-mêmes ont renoncé depuis bien longtemps déjà à ce titre honteux.

Comment, d'ailleurs, les blancs ne rougiraient-ils pas d'être allés jusqu'au cœur de la brousse violenter les *natives* en les empêchant méchamment de se dévorer entre eux ?

Et d'avoir poussé la malice jusqu'à les tracasser avec des vaccins ou des leçons de lecture ? Et d'avoir gâché leurs paysages avec des routes et des voies ferrées ?

Et d'avoir mis le comble à l'indiscrétion en leur parlant d'un certain Jésus-Christ dont ils s'étaient fort bien passés jusqu'à l'arrivée des brutes colonialistes ?

Le Père Michel est certainement un homme trop sérieux pour avoir négligé, dans son ardeur décolonisatrice, cet aspect de l'abomination coloniale.

Au surplus, la colonisation étant un tout, la décolonisation doit être, elle aussi, sans fissures et donner aux victimes une réparation complète des dommages qu'elles ont subis. En un mot, il s'agit de remettre, au plus tôt, les lieux dans l'état où les envahisseurs français les ont trouvés. Exactement comme lorsqu'on quitte un appartement. Entreprise coûteuse, certes, mais qui songerait à lésiner puisqu'il s'agit d'un DEVOIR ?

Et qu'on ne croie pas que la France sera quitte lorsqu'elle aura dynamité dans tous les pays qu'elle aura pollués, les ouvrages d'art et les bâtiments « en dur », lorsque la forêt vierge ou le désert auront majestueusement repris possession des cités, des aérodromes et des stades, hideux vestiges de la présence française.

Le plus ardu, toutefois, restera à accomplir : rendre aux indigènes — pardon ! aux citoyens — des nobles nations libérées cette aimable innocence qui, avant que nous les ayons corrompus, leur donnait si bonne conscience lorsqu'ils dégustaient en famille un gigot de missionnaire. Pour cette partie-là de la décolonisation, les explosifs ne suffiront pas. Le Père Michel a-t-il prévu ces difficultés et pour ramener les opprimés à l'état de nature, a-t-il tout prêt, un plan de désintoxication ?

On peut craindre toutefois que ce prédicateur inspiré ait négligé d'envisager comme nous la décolonisation dans ses conséquences extrêmes et qu'il se contente de l'essentiel, c'est-à-dire du départ pur et simple des Français.

Sur le principe, certes, il n'y a rien à objecter. Il est monstrueux qu'en ce siècle de lumières de hideux colons à visages pâles continuent à exploiter les terres qu'ils ont mises en valeur et à diriger les usines qu'ils ont construites, alors que, de toute évidence, les sorciers de la brousse sont autrement qualifiés pour cela. Et sont, par surcroît, autrement dignes d'intérêt.

Mais cela, c'est le principe. Dès qu'on aborde l'aspect pratique du départ des usurpateurs on s'aperçoit que les choses n'ont point cette lumineuse simplicité qui réconforte les âmes pures. Ou, du moins, pas partout.

En A.O.F., et en A.E.F., à Madagascar, l'opération pourrait s'effectuer sans trop de complications aussi aisément que dans ces comptoirs de l'Inde dont M. Mendès nous a si heureusement débarrassés. Les Français y sont relativement peu nombreux. Qu'on les expulse ou qu'à la rigueur, on les massacre un petit peu — parce qu'il faut bien faire la part de l'exubérance légitime des maquisards locaux — cela ne tirerait pas à conséquences, et les digestions de M. J.-J. Servan-Schreiber n'en seraient pas troublées.

Mais en Afrique du Nord, c'est une tout autre histoire et la décolonisation poserait un problème qui semble avoir échappé à la vigilante attention du R.P. Michel. Là, en effet, il y a un peu plus d'un million et demi de Français, et ce chiffre gâche tout.

Je sais bien, sans doute, que ces Français-là ne sont pas intéressants. Il pourrait donc leur arriver malheur sans que les âmes sensibles en fussent le moins du monde chagrinées. Après tout, ces gens sont des sortes de Koulaks et lorsque le regretté M. Staline a réorganisé son agriculture en exterminant sagement deux ou trois millions de paysans aisés, ça a fait incomparablement moins de bruit dans l'univers que le passage à la chaise des époux Rosenberg ou la pendaison de deux sionistes au Caire.

Malheureusement, les préjugés petit-bourgeois de notre civilisation étriquée nous empêchent encore de voir aussi grand qu'en Russie, et la liquidation physique de ce million et demi de Français risquerait de provoquer, dans les milieux rétrogrades, des commentaires désobligeants.

Mais qu'en faire, si on ne les tue pas ! Ils pourraient évidemment transporter leurs pénates dans le Nouveau Monde, au Canada ou en Argentine, et cela arrangerait tout. On peut redouter toutefois que lorsque sonnera enfin l'heure de la décolonisation fraîche et joyeuse, un attachement burlesque aux superstitions hexagonales les incite à exiger leur rapatriement.

Aucun texte de loi ne permet, hélas, dans l'état actuel de notre droit, de leur refuser l'accès du territoire français. Toujours la même négligence des démocraties — et pourtant la nôtre est une des plus perfectionnées — dès qu'il s'agit de prévenir la montée des périls ! Pas le plus petit article du code pénal frappant de bannissement les malfaiteurs coupables de colonisation ! À moins d'improviser une législation rétroactive — ce qui d'ailleurs ne serait pas impossible à M. de Menthon et à M. Teitgen — force serait d'admettre en France ce million et demi de Français.

C'est alors que nous serons bien avancés ! Car ce million et demi de Français pense mal, horriblement mal. Et il n'y a aucune chance pour que la transhumance consécutive à la décolonisation le pénètre du rayonnement démocratique.

Or, nous n'avons déjà, en France, que trop de Français qui pensent mal. La moitié d'entre eux, environ, ceux qui constituent sous des étiquettes diverses ce qu'en gros l'on appelle la droite.

Entre la moitié mal pensante de la France et la moitié bien pensante, il y a un marais d'environ 500.000 individus aux convictions fluides, aux réactions viscérales, aux engouements irrationnels qui, en se portant au gré du vent vers la droite ou vers la gauche, font triompher alternativement l'obscurantisme ou les lumières.

Que deviendrait la France si l'on transfusait brusquement dans son système électoral un million et demi de citoyens que la pratique quotidienne du génocide colonialiste a marqués pour la vie du sceau de la réaction ! Du coup l'équilibre traditionnel entre la droite et la gauche serait brisé, les 500.000 farfelus qui changent d'opinion comme de scrutin n'auraient plus la possibilité de donner la victoire, au moins une fois sur deux, aux vrais républicains, et c'en serait fait des espoirs de la nouvelle gauche ou de l'ancienne gauche.

Comme quoi, en voulant trop bien faire, on court parfois à la catastrophe et l'on risque de sacrifier l'essentiel à l'accessoire.

Donner l'Afrique du Nord aux fellagha, ce serait évidemment magnifique. Mais priver la France d'un Front popu, ça serait un désastre.

Alors, tout bien réfléchi et la mort dans l'âme, mieux vaut renoncer — du moins en ce qui concerne l'Afrique du Nord — à la décolonisation du R.P. Michel et laisser là où ils sont, les affreux colons.

La défense républicaine exige ce douloureux sacrifice.

Lucifer

Je n'ai pas l'honneur de connaître M. Borgeaud. Et, tout le premier, je le déplore. Cependant, si je ne connais pas M. Borgeaud — même pas de vue, même pas sur photo — je n'ai aucune peine à me l'imaginer. Je sais que M. Borgeaud traîne derrière lui une longue queue, que son front s'orne de petites cornes recourbées, qu'il a les pieds fourchus et qu'il laisse dans son sillage des remugles de soufre.

Car M. Borgeaud, c'est le diable.

Et le diable est un personnage dont les vrais républicains ne peuvent décemment pas se passer.

Les vrais républicains ont déporté Dieu hors de leur univers. Impitoyablement. Mais ils ont conservé le diable. Le diable est indispensable à leur confort intellectuel. Sans le diable, comment expliquerait-on que les hommes naturellement bons, depuis l'âge des cavernes, et finement éclairés depuis près de deux siècles par des penseurs qui voguent dans le sens de l'histoire, trébuchent perpétuellement sur d'absurdes obstacles et choient dans des complications de plus en plus saugrenues et de plus en plus sanglantes ?

Les pelures d'agrumes, parbleu, c'est le diable qui les sème.

Et il excelle d'autant mieux dans cet exercice qu'il n'a pas son pareil, ainsi que nul ne l'ignore, pour prendre, selon les circonstances, les visages les plus divers, les plus imprévus.

Fort heureusement, les vrais républicains sont trop avisés pour s'en laisser longtemps conter. Leur regard d'aigle ne s'y trompe pas. Tôt ou tard — plutôt tôt que tard — ils démasquent le diable. Et alors, il serait présomptueux de prétendre que les choses s'arrangent pour autant, mais, du moins, on est fixé, on sait à quoi s'en tenir, on peut se rendormir tranquille. *Felix qui potuit rerum cognoscere causas…*

Il fut un temps où le diable portait une perruque poudrée et rêvait de venir égorger, avec l'aide de Pitt et de Cobourg, les enfants des patriotes. Un temps où le diable appartenait à la Compagnie de Jésus et décachetait la correspondance des quatre sergents de la Rochelle. Un temps où le diable s'abritait sous un haut de forme, le ventre ceinturé d'une chaîne de montre aussi épaisse qu'une chaîne de bicyclette. Un temps où le diable vendait des canons et déclenchait d'effroyables boucheries pour écouler sa camelote. Un temps où le diable était duocenticéphale et engraissait ses deux cents familles lucifériennes avec la sueur des travailleurs.

Aujourd'hui, le diable n'a plus qu'une seule tête mais qui contrôle deux cents sociétés : la tête de M. Borgeaud.

Du moins dans l'affaire algérienne, car partout ailleurs le diable continue, bien sûr, à être inlassablement protéiforme.

Mais comme c'est l'affaire algérienne qui éclipse en ce moment toutes les autres, il est consolant de savoir que, sur ce terrain, le diable n'a aucune chance de faire ses mauvais coups en douce, qu'il est parfaitement repéré, identifié.

La clairvoyance des vrais républicains ne date d'ailleurs pas d'hier. Dès que, sur les sages avis des intellectuels parisiens qui prennent la peine de penser pour eux, les personnalistes algériens eurent vaillamment entrepris de couper en morceaux les arbres fruitiers et les Européens, ce ne fut qu'un cri dans toute la presse des lumières :

« *C'est la faute à Borgeaud !* »

Et si, ensuite, les prétoriens des colonialistes ont le mauvais goût de tarabuster quelque peu les innocents coupeurs d'arbres fruitiers et d'Européens, alors les glapissements des âmes généreuses tournent à la frénésie : encore les crimes de Borgeaud !

Qu'un gouverneur général aussi bien orienté primitivement que M. Soustelle s'aperçoive qu'il vaut mieux, après tout, ne pas tuer trop de Français ou que M. Mollet découvre que ces Français ne sont pas tous des monstres, c'est, à n'en pas douter, parce que l'entendement de ces patriotes a été obscurci par les philtres de M. Borgeaud.

Il faut reconnaître, d'ailleurs que, pour démontrer l'absence de circonstances atténuantes chez M. Borgeaud, les journaux de gauche disposent d'arguments irrésistibles. Ils publient la liste des entreprises fort diverses dans lesquelles M. Borgeaud possède des intérêts. Rien d'autre, mais cela suffit. La liste est longue, les intérêts sont gros.

C'est là, évidemment, une tare inexpiable et qui se passe de commentaires.

Non qu'il soit condamnable en soi de gagner beaucoup d'argent. Lorsque M. Gérard Philipe se fait payer vingt-cinq millions pour tourner un film expédié en quelques semaines, nul n'a l'outrecuidance d'évoquer les salaires exigus des habilleuses, des machinistes et des figurants, ni de prétendre que ces prolétaires sont vilainement exploités par la vedette. M. Gérard Philipe pense trop bien pour qu'on lui chicane ses cascades de millions.

Tandis que M. Borgeaud, lui, gagne son argent d'une manière quasiment inavouable. Non point en faisant le saltimbanque, non point en divertissant le peuple, mais en développant des industries, ce qui révolte fatalement les consciences délicates.

Qu'a-t-on à faire d'industries dans un pays aussi affranchi que le nôtre ?

De plus, encore qu'il n'affiche guère ses opinions, M. Borgeaud pense certainement mal. Ses nombreuses et coupables industries se trouvent en territoire algérien. On peut donc, sans crainte de se tromper, lui prêter le honteux désir de n'être pas dépossédé.

Ce qui est, d'ailleurs, très exactement, le cas des gens qui possèdent des biens incomparablement moins substantiels que ceux de M. Borgeaud. L'employé des P.T.T. de Tlemcen, l'instituteur de Philippeville, l'agriculteur du bled, tiennent autant à leurs bicoques que M. Borgeaud à ses dividendes.

Ils n'ont pas plus envie que lui d'être éventrés par les maquisards.

Et si les choses prenaient vraiment une tournure catastrophique, ces modestes colonialistes perdraient tout, absolument tout. Alors qu'on peut supposer que M. Borgeaud, chassé d'Algérie, aurait encore un compte convenablement alimenté dans une banque parisienne.

De sorte que, sans bénéficier des confidences de l'un ou des autres, je croirais volontiers que les postiers, les instituteurs et les petits fermiers doivent être, au fond, beaucoup plus fermes que M. Borgeaud dans leur volonté de ne pas capituler.

C'est là un phénomène humain qui dérange, hélas, les libérateurs de l'Algérie.

Que des Français d'humble condition commettent le péché contre l'esprit — et refuser d'abdiquer, c'est LE péché contre l'esprit — que des Français que ne discrédite aucune souillure capitaliste s'acharnent à vouloir rester Français sur une terre qu'ils ont faite française, voilà qui dépasse l'entendement du lecteur moyen de l'*Express* et ne se peut concevoir sans l'intervention du Malin.

M. François Mauriac répondait, il n'y a pas tellement longtemps, par des ricanements hilares à l'un de ses correspondants qui avait l'insolence d'évoquer les enfants égorgés :

« *Vous ne voyez donc pas plus loin que le bout de votre nez !* »

Pas plus loin que le bout de son nez, en effet, on ne voit que le mirage des enfants égorgés.

Au delà du bout de leur nez, les gens sérieux voient la réalité. C'est-à-dire M. Borgeaud. C'est-à-dire le diable.

Le diable qu'il faudrait bien inventer s'il n'existait pas.

M. Borgeaud qu'il faudrait combler de privilèges féodaux s'il n'en possédait déjà. Car si, par malheur, on supprimait M. Borgeaud, rien, absolument rien ne serait changé au dramatique problème des Français d'Algérie.

Mais les généreux capitulards de Paris n'auraient plus leur explication métaphysique.

Et ça leur briserait le cœur.

PÉNÉTRATION PACIFIQUE

Il y avait une fois, au Lycée Lapérine de Sidi Bel Abbès, un agent de l'administration qui s'appelait Artero. C'était un homme à l'esprit simple et au cœur pur que les artifices démoniaques ne détournaient point du courant de l'histoire.

Chaque jour, jadis, et chaque semaine seulement, hélas, depuis que les deux cents familles de la bourgeoisie intelligente avaient cessé de cracher au bassinet, il lisait son *Express* et savourait son Mauriac.

Mais il lisait et il savourait, les gencives contractées, les phalanges crispées et les tempes saillantes. Car, je le répète, son cœur était pur et il ne pouvait supporter sans frôler la congestion que huit millions de frères musulmans fussent chaussés de babouches alors qu'un million et demi d'usurpateurs à visages pâles se propulsaient cyniquement sur du box-calf.

Parfois le sensible Artero complétait son régal hebdomadaire en dégustant, par surcroît, le Claude Bourdet de *France-Observateur*, dont vingt-quatre heures de salle de police ont fait le martyr infrangible et insubmersible de la liberté d'expression.

Et il lisait aussi, bien sûr, les morceaux les plus joliment troussés de M. Sartre (Jean-Paul) sur l'existentialité du contexte national algérien. Et également, cela va de soi, les mandements finement traduits du grand-russien de M. Jacques Duclos et la bulle *Africanum fricat* de S.S. Nasser.

Bref, l'agent Artero était plaisamment pourvu de tout ce qui peut étayer, chez un citoyen arraché aux divagations médiévales de l'obscurantisme, la rigidité de la conscience, cette « colonne vertébrale de l'âme », comme l'a si pertinemment noté dans un de ses jours fastes mon bon maître Victor Hugo.

Il ne restait plus qu'à passer à l'action, c'est-à-dire à participer à cette grande œuvre libératrice qui se poursuit en Algérie, aux acclamations de tout ce que la France compte — et Dieu sait si elle en compte ! — d'intellectuels généreux.

Et certes, l'agent Artero eut pu, tout comme d'autres héros de la résistance, scier des orangers, crever des conduites d'eau ou éventrer des petites filles. Mais comme il était de tempérament modeste, il opta pour une spécialité moins glorieuse et il se fit distributeur de tracts.

Ce qui est, d'ailleurs, sensiblement plus dangereux, car, par définition même, les destinataires des tracts doivent être laissés en vie (ne serait-ce que pour qu'ils aient le temps de digérer la bonne parole) et il arrive que l'on tombe sur de mauvais coucheurs, inconvénient peu fréquent lors de l'éventrement historique des petites filles.

Quoi qu'il en soit, et comme il était aisément prévisible, l'agent Artero se fit prendre. D'odieux prétoriens, soldés de toute évidence par les trusts du phosphate et des agrumes, le jetèrent sur la paille humide des cachots, puis l'expédièrent pour une durée indéterminée au camp de Bossuet.

C'était là, en soi, un outrage à la personne humaine patriote. Car on sait — ou on ne sait plus : toujours cette sacrée mémoire courte ! — que ce camp de Bossuet, situé à 63 kilomètres au Sud de Sidi Bel Abbès, avait été, en 1943, l'un des principaux dépotoirs où les vaillants libérateurs avaient concentré les suppôts algériens du Traître de Verdun.

Cette pollution est néanmoins trop ancienne et les miasmes de Vichy ont été trop parfaitement dissipés par les promotions subséquentes d'honorables détenus de droit commun pour que l'agent Artero s'en sentît incommodé. Au début, même, les choses lui apparurent dans une perspective hautement favorable. Il était le seul Européen au camp de Bossuet ; il ne risquait donc pas de se souiller au contact de créatures plus ou moins inféodées au grand méchant Borgeaud. Et comme tous les autres pensionnaires étaient des Arabes, donc des opprimés, donc de touchantes victimes de l'atroce impérialisme français, ils étaient tous, *a priori*, des copains, des frères.

L'agent Artero subit les formalités d'écrou d'une âme sereine, le cœur gonflé d'une douce solidarité humaine. Il allait vivre une exaltante aventure, partager la cruche d'eau de l'espérance avec les plus nobles enfants de la résistance algérienne. Au coude à coude contre le colonialisme abhorré !

Hélas ! deux jours ne s'étaient pas écoulés — je dis bien « deux jours » et je n'invente rien — que l'agent Artero allait se jeter aux pieds du directeur du camp :

— Je vous en conjure, je vous en supplie, Monsieur le directeur, changez-moi de résidence, envoyez-moi où vous voudrez, n'importe où, mais que ce soit dans une prison française avec des détenus français... Je n'en puis plus... Je suis à bout... Ils vont me rendre fou...

Ce qui était arrivé ?

Il serait aisé de l'expliquer en latin qui, comme chacun sait, brave l'honnêteté... Mettons que les compagnons fellagha de l'agent Artero aient partagé avec feu les habitants de Sodome certaines pulsions émotionnelles qui provoquaient jadis l'ire destructrice du Tout-Puissant et qui conduisent de nos jours leurs adeptes culturels au Prix Nobel.

Et mettons que ces Arcadiens coraniques aient noblement fait abstraction de tout préjugé de race pour révéler avec insistance à l'agent Artero, dans toute leur ampleur, les réalités de la coexistence et l'introduire bon gré mal gré dans la communauté algérienne. Introduction qui est le symbole même de la position de la France chaque fois qu'elle « négocie » avec ses « protégés. »

À l'échelon local, comme dit M. Mollet, Artero avait enfin trouvé des interlocuteurs valables.

Mais il n'y eût pas survécu. On a dû le transférer d'urgence à l'hôpital d'Oran, loin de la sollicitude pénétrante de ses camarades de combat. Et j'espère, sans trop y croire, qu'il doit être un peu revenu de son enthousiasme fellagha.

À quoi l'on me répondra que cette mésaventure ne prouve rien. Et qu'Artero était simplement de mauvaise composition.

Est-ce que M. Roger Stéphane, par exemple, eût fait tant d'histoires ?

POUR UN EMPIRE ADÉQUAT AU SYSTÈME

Il n'y a plus à revenir là-dessus : Tous nos malheurs actuels — nul ne le conteste — viennent de nos tumultes coloniaux. Tumultes qui, quel que soit le continent ou la longitude, se terminent régulièrement très mal.

Et ainsi les Français se trouvent pris dans un atroce engrenage. Parce qu'il leur reste des bribes d'orgueil, héritées d'un autre âge, ils ne voient pas sans quelque mortification s'en aller, les uns après les autres, les lambeaux de ce qui fut leur Empire. Mais parce qu'ils sont de bons démocrates, ils ont tout fait, absolument tout, pour rendre inévitable la vivisection de l'Empire et parce que leur Système est issu de la Résistance, ils ne peuvent qu'avoir mauvaise conscience chaque fois qu'ils sont acculés à l'horrible nécessité de cogner sur d'autres Résistants, maquisards, partisans et francs-tireurs divers, *coloured* par surcroit.

Or la preuve est faite maintenant que, tant qu'il restera dans le monde un coin de terre orné du drapeau français où subsisteront des autochtones, nous aurons des ennuis, d'énormes ennuis. Sans pour cela que le nombre ou la densité desdits autochtones changent quoi que ce soit à l'affaire. À Alger et à Oran les Européens sont en écrasante majorité. Mais c'est une majorité qui ne compte pas. Pour que les lecteurs de l'*Express* retrouvent leur sommeil, il faut que ces Européens disparaissent, qu'ils meurent ou qu'ils s'en aillent, et que des coupeurs de sexes — minoritaires mais infiniment vénérables ethniquement — s'installent dans leurs maisons.

Et n'y aurait-il que trois Touaregs dans tout le Sahara, *France-Observateur* n'aurait de cesse que la personnalité targui fût reconnue avec ou sans interdépendance à Bidonner. Car, une bonne fois pour toutes, il doit être entendu que l'homme blanc — et surtout le Français — est un salaud et que par définition même il ne peut qu'avoir tort.

Ces jeux, on en conviendra, sont épuisants et irritants. Et il vaudrait infiniment mieux qu'on se décidât à tirer enfin d'une saine évaluation des réalités les conséquences pratiques qui s'imposent.

Or, pour qui sait se pencher sur la carte (avec une loupe, bien entendu), la solution existe. Et elle a un nom : Clipperton.

Ce n'est pas un nom très familier. Mais, en cherchant bien par 10° 18' de latitude nord et 111° 34' de longitude ouest (renseignements que j'ai puisés aux meilleures sources, c'est-à-dire dans un dictionnaire), à quelque 1.500 kms à l'ouest du Mexique et à 5.000 kms au nord-est de Tahiti, vous trouverez Clipperton.

Et Clipperton est une terre française, tout ce qu'il y a de française, encore plus anciennement française que Brigue et Tende et dont le caractère français a été solennellement reconnu par toutes les nations du monde à la suite d'une sentence arbitrale rendue, le 28 janvier 1931, par un collectionneur de médailles dont l'autorité est incontestée, le défunt roi d'Italie Victor-Emmanuel III.

Évidemment, à première vue, ce n'est point un domaine qui donne comme les Indes une idée impériale : quatre kilomètres de long, deux de large, un lagon central rempli d'eau saumâtre, des récifs meurtriers, des requins et du guano.

Mais le réalisme consiste justement à adapter les ambitions de la France aux possibilités que son régime lui autorise et quelles que soient les proportions un peu jeunettes de cette île (que les défaitistes appellent îlot, mais que les optimistes pourraient baptiser continent), elle possède sur toutes les autres parties de l'Union française une supériorité décisive : il n'y a point un seul indigène. Donc, aucun risque de prise de conscience de la personne humaine opprimée, aucun risque d'embuscade, de maquis, de rapports à l'O.N.U. et de nobles pleurnicheries à la Mutualité. À Clipperton, le Français de France peut se promener en toute quiétude (quatre kilomètres dans un sens, deux dans l'autre) sans craindre d'être arquebusé et dépouillé de sa virilité par quelque héros d'une armée clippertonienne de la libération.

Et certes, aucun Français de France ne profite actuellement de ce privilège. Pas plus qu'il n'y a d'indigène, il n'y a de Français dans l'île. L'absence de Français n'est cependant point un mal rédhibitoire. D'abord on peut toujours en importer. Mais sans aller jusqu'aux transferts de population, il devrait être possible de créer tout un corps de fonctionnaires (depuis le gouverneur général jusqu'aux agents voyers) qui ne seraient point fatalement obligés d'aller résider sur place (qui seraient, en quelque sorte, laïquement, des fonctionnaires *in partibus*) et qui affirmeraient par leur existence même que la France comprend enfin l'importance de Clipperton. On y ajouterait naturellement, pour sauvegarder les droits imprescriptibles de la souveraineté populaire, des députés et des sénateurs de Clipperton, cooptés, cela va de soi, par les partis majoritaires du Parlement français (ce qui ne présente plus de difficulté constitutionnelle, maintenant qu'il est officiellement admis, depuis les invalidations de poujadistes, que la loi du nombre est abolie.)

Solidement assurée de conserver ainsi, quoi qu'il arrive, cette île magnifique d'où nul ne songe à nous chasser et qui se confondrait bientôt avec la notion même de France d'outre-mer, la République pourrait donner, partout ailleurs, libre cours à ses penchants profonds, à sa vocation libératrice et maquisarde, amener ses drapeaux, capituler en gros et en détail.

Qu'importerait ? Puisque nous serions solidement accrochés à Clipperton, puisque, réduite à Clipperton, la France d'outre-mer ne craindrait plus aucune amputation et deviendrait de la sorte indestructible ?

Reste à savoir si l'absence totale d'opprimés à Clipperton suffirait à apaiser les pieux scrupules de M. François Mauriac et s'il n'exigerait pas, à tout hasard, que la France reconnût la personnalité clippertonienne.

C'est qu'outre les requins, il y a, à Clipperton, quelques douzaines de cochons sauvages et d'énormes tas de guano. Et, dame, pour l'Agneau de Malagar, la tentation de s'apparenter pourrait être irrésistible ...

———◄o►———

P.-S. — *J'avais pensé à inclure dans cet Empire adéquat au Système les îles Kerguelen qui sont tout aussi attrayantes que Clipperton. Mais on m'a signalé à temps qu'outre quelques résidents français, on trouve aux Kerguelen une demi-douzaine de manœuvres malgaches. Voilà qui tranche la question. Bien qu'ils soient aussi importés que les Français, ces Malgaches, du seul fait qu'ils sont colorés, sont les futurs propriétaires des îles. Contentons-nous donc de Clipperton. C'est d'ailleurs bien suffisant.*

V

Les bons copains

LA VOIX DE L'AMÉRIQUE

Ce qui est tout spécialement plaisant chez les Américains, c'est qu'ils ne se contentent pas de répandre sur le monde les bienfaits de leurs techniques industrielles et les surplus de leur trésorerie. À ces dons, ou à ces prêts, ou à ces ventes, sont jointes, un peu comme des modes d'emploi, des leçons de vertu. Billy Graham colle au *coca-cola*, Eléonor Roosevelt poursuit dans le sillage des réfrigérateurs la pavane du président défunt. La grande voix de Mme Eisa Maxwell hisse la consommation des petits fours jusqu'aux sommets de l'apostolat. Et il va de soi que les commandes *off shore* seraient fades sans les éditoriaux pédagogiques du *Little Rock Daily* Star et du *Topeka Monitor*.

Dans cet univers voué aux affreux désordres du matérialisme sordide, c'est un singulier réconfort de voir ainsi le progrès spirituel talonner sans relâche le progrès matériel. Ou, au besoin, le devancer. Et il est encore plus réconfortant que ce soient précisément les Américains qui se donnent tout ce mal. Car aucun peuple n'est plus qualifié pour enseigner l'idéalisme et le savoir-vivre à une humanité aberrante. D'abord parce que les Américains ont atteint, dans leur ensemble, l'âge mental des premiers pantalons longs (réservés aux promenades du dimanche) et que la vérité — c'est bien connu — sort de la bouche des enfants. Et ensuite parce que leur propre histoire est tellement édifiante qu'elle s'impose irrésistiblement comme modèle.

Dans ces conditions, je comprends mal, je l'avoue, mes compatriotes qui s'offusquent du soutien quasiment inconditionnel qu'une grande partie de la presse américaine accorde aux vaillants égorgeurs résistants d'Oued-Zem, Philippeville et autres lieux, et des excommunications majeures quotidiennement fulminées en langue yankee contre le colonialisme français.

De toute évidence, ces mercuriales n'ont en définitive, d'autre objectif que notre bien. Les Américains ont réussi, après beaucoup d'efforts, à assimiler deux vérités essentielles (et éternelles) et, par charité pure, ils s'efforcent tout simplement de nous en faire profiter.

La première de ces vérités, c'est que la démocratie résout heureusement tous les problèmes humains, qu'elle apporte avec une sorte de fatalité mathématique le bonheur et la prospérité. Si l'Amérique regorge de bétail et de pétrole, c'est à cause du *Bill of Rights*. Si le sol de la Castille est pauvre, c'est parce que Franco n'a pas été élu au scrutin de liste. C.Q.F.D.

Deuxième vérité fondamentale : le colonialisme est l'abomination de la désolation. Les Américains ont donné le branle en secouant les premiers le joug colonial de l'Angleterre. Et depuis lors ils connaissent une ineffable félicité. Cet exemple doit être suivi toujours et partout.

À la lueur de ces vérités de base, on voit combien la position des Français en Afrique du Nord est insoutenable et combien sont justifiées les critiques du *Baltimore Sun*. Les malheureux Arabes privés du recours aux urnes ne peuvent être qu'économiquement faibles.

« *Enrichissez-vous par le bulletin de vote* » leur crient les néo-Guizot de l'Oklahoma.

Et ils leur recommandent surtout de ne pas se contenter de réformes fatalement dérisoires, de conquérir franchement leur indépendance, de faire en somme ce que firent les « pères pèlerins » lorsqu'ils rejetèrent les Anglais vers les arpents de neige canadiens.

Les esprits chagrins ne manqueront certes point d'observer qu'il est quelque peu désobligeant d'assimiler ainsi Franklin, Washington et Jefferson à des caïds de tribus berbères. J'y vois, pour ma part, une noble manifestation d'humilité. Cette solidarité que l'Amérique affiche à l'égard des colonisés, de tous les colonisés, et ces mauvais points qu'elle distribue généreusement à nos colons, c'est, j'en suis certain, l'amorce d'un acte de contrition ou, comme on dit aujourd'hui, d'une autocritique. Avec, cela va de soi, le ferme propos de ne point rechuter et de réparer tous les torts causés à autrui. Car il est impensable, n'est-ce pas, que les évangélistes du nouveau monde exigent que nous nous comportions autrement qu'eux-mêmes. Ce qu'ils condamnent aujourd'hui chez nous, ils vont, à n'en pas douter, le condamner rétrospectivement chez eux.

Non point, évidemment, le principe de l'insurrection de 1775. Cette insurrection était légitime, puisque, outre la taxe sur le thé qui heurtait la dignité humaine des Bostoniens, les Anglais émettaient l'intolérable prétention d'empêcher les citoyens de Massachusetts de brûler librement les sorcières et les Quakers et d'envoyer pieusement les acteurs et les poètes aux galères (7). Ces libertés essentielles ayant été conquises avec l'aide de La Fayette et de Rochambeau, les colons décolonisés des treize colonies se trouvèrent maîtres d'une mince bande de terre qui s'allongeait le long de l'Atlantique. À l'Ouest, il y avait, jusqu'au Pacifique, des territoires immenses.

Ces territoires étaient incultes mais point inhabités. Des hommes à visages cuivrés y pratiquaient la chasse et la pêche, y adoraient le Grand Manitou, et s'y livraient éventuellement, lorsqu'ils prenaient un coup de sang, à la danse du scalp. Ces territoires étaient tentants. Les colons décolonisés ne résistèrent point à cette tentation. Depuis la guerre de l'Indépendance, jusqu'à la fin du XIXᵉ siècle, l'histoire des États-Unis n'est point autre chose que l'annexion systématique de ces territoires. Sans négociation. Sans palabres. Sans se préoccuper de trouver des interlocuteurs valables. En supprimant, pour plus de sécurité, les interlocuteurs présumés.

Et puisque, aujourd'hui, les Américains trouvent tellement scandaleux que nous soyons dans des territoires d'outre-mer où, bien sûr, on peut nous reprocher de ne pas avoir réglé le problème indigène avec une rigueur aussi scientifique que les puritains bibliques de la Nouvelle-Angleterre, ils ne vont point tarder, par simple honnêteté intellectuelle, à trouver également scandaleux d'être eux-mêmes à Chicago et à Détroit. De cette constatation de fait, la notion de restitution découle tout naturellement.

Or, cette restitution est possible. Quel qu'ait été le zèle méthodique des exterminateurs, il reste encore au fond de lointaines « réserves » quelques Iroquois, quelques Hurons, quelques Mohicans rescapés qui

---

7. — C'était cela, en effet, que réclamaient les vertueux *Pilgrim Fathers*. Le libéralisme du gouvernement anglais leur apparaissait comme une manifestation démoniaque. Et s'ils souhaitaient si ardemment la liberté, c'était pour l'ôter — et ôter éventuellement la vie — à ceux qui n'interprétaient pas à leur manière les Saintes Écritures.

demeurent, aux yeux de la Conscience Humaine, les seuls propriétaires légitimes du pays.

Que ces rescapés soient peu nombreux n'importe guère. Ne survivrait-il qu'un seul Peau-Rouge qu'il serait le seul propriétaire de l'Amérique. Or, il y en a plus d'un ; au cours d'une randonnée autour des États-Unis, j'en ai vu, pour ma part, au moins une demi-douzaine.

C'est à eux que l'on doit accorder sans tarder l'autonomie interne, première étape avant l'indépendance totale et l'éviction complète des visages pâles.

Et dès que les Américains auront quitté l'Amérique, nous commencerons — c'est promis, c'est juré — à prendre leurs sermons au sérieux et à plier bagages en Afrique du Nord.

LE BÂTON DE L'HOMME BLANC

J'AI fait, récemment, en lisant l'*Aurore*, une découverte signifiante et consolante : j'ai constaté qu'une fois de plus la notion d'éternité avait rétréci à l'usage.

Cette notion beaucoup trop ample de toute évidence dans sa forme originelle avait déjà subi de substantielles amputations. Les historiens authentiquement républicains en avaient, par exemple, réduit l'étendue aux événements survenus depuis la prise de la Bastille. Avant, il n'y avait rien, l'éternité de la France éternelle datant des immortels principes.

Mais, pour une éternité, 167 ans, c'est encore beaucoup trop. M. Robert Bony (Lazurick) a tenu à ramener l'éternité à des proportions beaucoup plus confortables :

« *L'Angleterre, notre alliée de* TOUJOURS. »,

écrit-il dans l'*Aurore (11-5-56.)* Voilà qui est net.

Nous savons maintenant que tout ce qui ne s'est pas passé au cours du dernier demi-siècle, tout ce qui est antérieur au bon roi Édouard VII et au bon président Fallières, se situe à proprement parler hors du temps.

On ne saurait, sans doute, affirmer que ces âges extra-historiques relèvent du néant absolu. Mais ils s'assimilent à la poésie, à la féerie et ne tirent point de ce fait, à conséquences. Jeanne d'Arc, Louis XIV, Napoléon et quelques personnages de moindre importance ont bien pu avoir quelques menus différends avec une Angleterre, qui n'avait pas encore pris conscience des agréments de l'Entente Cordiale, tout cela demeure aussi incertain que la geste du roi Arthur.

La seule certitude, c'est que les Anglais sont nos alliés de toujours.

Or, comme je compte, à peu de choses près, le même nombre de printemps que cette alliance, il n'est peut-être pas abusif — soit dit en passant — que je me considère moi aussi, comme existant depuis toujours.

Mais c'est une autre histoire. En évoquant l'éternité de l'alliance anglaise, M. Bony n'avait point le dessein de m'assimiler par extension à Dieu le Père, mais seulement de s'étonner douloureusement que des alliés aussi immémoriaux se conduisissent avec nous de façon aussi cavalière.

Les fidèles de cette éternelle alliance ont ainsi, périodiquement, des bouffées d'étonnement douloureux. Ils s'étonnent douloureusement que les éternels alliés coulent nos bateaux de Mers-el-Kébir. Ou qu'ils nous chassent de Syrie, ou qu'ils nous empêchent de nous faire assister par les Américains en Indochine, ou qu'ils n'attendent même pas la ratification du Parlement français pour consacrer, diplomatiquement, l'indépendance des fellagha de Tunisie et du Maroc.

C'est que cette éternelle alliance — et c'est bien ce qui lui donne tant de charme — ne fonctionne strictement que lorsqu'elle est à l'avantage des Anglais (lorsqu'elle leur permet, par exemple, de nous faire déclarer une guerre démentielle) ou, au mieux (c'est l'extrême pointe des concessions britanniques), lorsqu'elle ne les gêne absolument pas.

Ce qui est tout de même préférable, quoi qu'en disent les grincheux, aux malentendus de la préhistoire du type Crécy ou Waterloo.

Mais l'élément le plus exaltant de cette éternelle alliance reste moral. L'Entente Cordiale s'assortit d'un préjugé favorable que les Français se doivent d'accorder obligatoirement aux choses d'Angleterre.

L'Angleterre étant la « mère des Parlements », les Français ne pourraient que se sentir honteux d'envisager de renoncer à un système dont l'excellence est au delà de la Manche un dogme sacré.

Et de même que les Français pénétrés des impératifs de l'éternelle alliance se doivent de préférer le succulent whisky à l'insipide cognac, ils seraient inexcusables de ne point se conformer dans tous les autres domaines aux enseignements qui nous viennent de Londres.

Or, en matière de politique coloniale, l'Angleterre donne au monde, depuis la fin de sa deuxième *world war*, l'exemple d'une si fulgurante sagesse que j'en demeure, pour ma part, quasiment hébété.

Lorsqu'au lendemain du *V-Day*, ses soldats rentrèrent *at home*, ployant sous leurs lauriers, l'Angleterre exerçait sa domination sur des groupements d'individus d'une admirable diversité. Elle régnait par exemple sur les Égyptiens et sur les Arabes de la Palestine, elle contrôlait les pétroles persans et en outre elle avait trouvé dans son héritage, quatre cents millions d'Hindous, qui constituent bien la collectivité humaine la plus attachante que l'on puisse imaginer. Car, si tous les hommes sont égaux, certains le sont tout de même un peu plus que les autres, et sont, en tout cas, plus attachants. Un fakir sur sa planche à clous, un intouchable mourant de faim devant une vache sacrée ou un pseudo-intellectuel en caleçons demi-longs actionnant à la barbe de l'oppresseur le rouet de l'indépendance, sont évidemment des types de civilisés autrement intéressants que les étudiants d'Oxford, de Heidelberg ou de la Sorbonne.

Ce peuple hindou si merveilleusement négriné, si admirablement maintenu par ses superstitions ancestrales dans la simplicité d'esprit, il était aisé de le conserver en tutelle. Et de conserver ainsi aux Anglais un peu de cette opulence que l'impérialisme victorien leur avait valu. Il est même probable que si l'Angleterre eût été vaincue, c'eût été la première des conditions imposées par Adolf Hitler : garder les Indes à tout prix. Et garder aussi l'Égypte, le Moyen Orient, l'Anglo-Iranian.

Mais quoi ! l'Angleterre était victorieuse.

Elle était donc libre de fourguer à sa guise son patrimoine. Elle fourgua donc les Indes, sans nécessité (ce qui est embêtant, ce n'est pas la non-violence, c'est la violence), toute heureuse de montrer au monde qu'elle régnait sur les vagues (*rule the waves*) du courant de l'Histoire, tout heureuse de donner le branle de la débandade générale des colonialistes.

L'Angleterre eût-elle pu agir autrement ?

J'imagine que ces désastreux abandons n'ont pas dû être consentis de gaîté de cœur par les cinq cents bonshommes (lords, amiraux, banquiers syndicalistes) qui dirigent occultement la grande démocratie britannique. Mais quoi ! Lorsqu'on a pris prétexte, justement, d'une croisade « démocratique » pour abattre sur le continent, un rival encombrant, et qu'on a si obstinément rabâché, pour stimuler la coalition, les grands mots de passe de la démocratie, on se trouve prisonnier, en définitive de ce vocabulaire, et plus ou moins contraint d'y conformer ses actes.

Mésaventure d'autant plus fâcheuse, qu'en fait, l'Angleterre qui était jadis si prompte à distinguer d'où pouvait venir le péril continental

(Philippe II, Louis XIV, Napoléon) s'était, cette fois, lourdement trompée. Dans un bref accès de lucidité, Sir Winston Churchill l'a reconnu entre deux whiskies :

« *Nous avons tué le mauvais cochon.* » (*We Killed the wrong pig.*)

Car c'était Staline bien sûr, beaucoup plus que Hitler, qui menaçait mortellement l'Empire anglais.

Mais il n'y avait pas à revenir là-dessus.

L'Angleterre démocratique, l'Angleterre victorieuse du fascisme était tenue de perdre Bombay, Ceylan et Suez.

Toutefois, elle n'avait pas uniquement trouvé dans son héritage des personnes humaines d'un aussi exceptionnel attrait que les intouchables et les fellahs. Son lot comprenait d'autres personnes humaines évidemment peu intéressantes puisqu'elles étaient blanches et qu'elles appartenaient à des pays européens, les Espagnols de Gibraltar, par exemple, ou les Grecs de Chypre.

On comprend que ce soit alors une tout autre musique.

L'Angleterre éclairée de sir Winston, de sir Clément et de sir Anthony peut bien amener ses couleurs sur un crispement d'orteils du mahatma.

Elle n'a pas à s'émouvoir de ce que peuvent criailler des gens qui ne sont, après tout, que les compatriotes de Cervantes ou de Platon, c'est-à-dire moins que rien. D'autant que de puissantes raisons stratégiques s'opposent à ce que l'Angleterre se prive de son rocher espagnol et de son île grecque : ces deux positions sont indispensables pour protéger la route des Indes.

Et certes, on pourrait timidement insinuer qu'il est inutile de protéger la route de ce qu'on ne possède plus et qu'à l'âge de l'atome fissionné, un rocher et une île ne signifient plus rien. Mais l'Angleterre ne serait plus le sol sacré de la tradition, si elle renonçait à la stratégie de la marine à voile. Et elle ne serait pas une grande nation éprise de progrès, si elle ne distinguait entre les anthropoïdes auxquels on doit tout et les Européens auxquels on ne doit rien.

Alors, tant pis pour les Cypriotes. Qu'ils apprennent à leurs dépens que le fardeau de l'homme blanc, c'est désormais le bâton du policeman.

VI

Les grands frères slaves

LA CROISIÈRE DES SIMPLES D'ESPRIT

En même temps que l'on jetait bas les statues du grand méchant Staline, en même temps que le bon papa Boulganine et l'oncle Kroug arboraient leurs sourires à la chlorophylle dans les confabulations internationales, la « détente » s'est assortie d'un gros effort de séduction touristique.

Rien d'étonnant à cela. Et il n'est point étonnant non plus que les Occidentaux se prêtent de bonne grâce à cette entreprise d'envoûtement. Les Occidentaux sont comme ça : toujours disponibles, toujours prêts à accourir au sifflet. Et quelle bagarre pour être du premier bateau, pour être incorporé à la cargaison de ce *Batory* qui inaugura avec tant de fracas la route permanente du charme slave !

Puis, au retour, quel déferlement d'enthousiasme !

Il y avait bien longtemps que je n'avais savouré des textes aussi consolants, aussi riches en fraîcheur et en pureté, ouvrant de pareilles échappées sur la sainte simplicité de l'espèce humaine que ceux dont s'est hérissée notre admirable presse-issue depuis que les sept cents Perrichon du *Batory* ont ouvert leurs quatorze cents yeux sur l'éclatante lumière de la Terre Promise. Et palpé de leurs sept mille doigts la vérité vraie. Et repoussé de leurs six cent quatre-vingt-dix neufs pieds (compte tenu de la présence d'un unijambiste) les sinistres calomnies inlassablement accumulées depuis trente-huit ans par les féodaux à fronts bas, qu'une incurable méchanceté prive à jamais des extases du devenir historique.

À Leningrad et à Moscou, aucun des pèlerins n'a vu le moindre Russe déambulant dans les rues avec un couteau entre les dents. Ni le moindre Russe en train de déguster des petits enfants. Ni le moindre Russe en train de confesser, avec de petits bouts de bois sous les ongles, qu'il a volé les tours de Notre-Dame de Kazan. Ni le moindre Russe s'amusant, comme à Katyn, à faire éclater des cervelles d'officiers polonais. Ils ont vu, par contre, des Russes qui allaient à l'usine, d'autres qui allaient au cinéma, d'autres qui prenaient le métro, d'autres qui jouaient de l'harmonica. Ce qui est proprement merveilleux et démontre sans hésitation possible que toutes les critiques — absolument toutes — du régime soviétique sont purement et simplement dénuées de fondement.

De plus, au lieu de scalper, de lapider ou de knouter les visiteurs français, les Russes leur ont offert des cigarettes et — pour respecter la couleur locale — les disques de leur grand compatriote Yves Montand. Preuve que ce peuple est essentiellement bon. Ce dont notre Jean-Jacques Rousseau s'était d'ailleurs déjà avisé.

Enfin, au cours de toutes les conversations franco-russes qui se sont frénétiquement multipliées, de musée en fabrique et de mausolée en parc de culture, il n'est pas un seul Russe qui ait dit à un seul interlocuteur franzouski dans cet aimable petit nègre qui donne tant de pittoresque aux colloques cosmopolites :

> « Moi vouloir très beaucoup la guerre. La guerre très bon. Zigouiller capitalistes karacho. »

Il est ainsi solidement établi que les Russes sont animés d'intentions uniquement pacifiques et que la défense de l'Occident n'est pas seulement une ruineuse folie, qu'elle constitue par surcroît une criminelle provocation.

Ces constatations sont tellement exaltantes, qu'elles ont eu, à la lettre, un effet thérapeutique sur des maux considérés jusqu'alors comme rebelles à la dialectique, comme en témoigne — selon l'*Humanité* — la guérison miraculeuse de cette jeune femme qui réussit une nuit, malgré une cheville foulée, à danser jusqu'à l'aube, avec le seul secours de la foi léniniste-marxiste. Voici surclassées Lourdes et Fatima.

Mais surtout, les Français ont été pleinement édifiés. Et comme ils étaient presque exclusivement recrutés dans les classes repues, dans les classes promises par Marx (Karl), Lénine (Wladimir) et Staline (Joseph) à un juste anéantissement, leur témoignage n'en a que plus de prix. Nous voici bien loin des légendes répandues un peu partout par d'incorrigibles maccarthystes sur les thuriféraires stipendiés de l'U.R.S.S. Les touristes du *Batory* n'ont pas été payés pour s'émerveiller. Ils ont payé (assez cher même) pour acquérir le droit de répandre la bonne parole. Ce qui est, de toute évidence, le fin du fin de la propagande.

Je m'étonne seulement — moi qui suis par définition un mauvais esprit — que ces découvreurs de prodiges n'aient pas l'air de soupçonner qu'ils ne sont point exactement des novateurs et que d'autres Christophe Colomb les avaient devancés. Le *Batory* est sans doute le premier navire qui a déversé en U.R.S.S. depuis la guerre une cargaison de touristes. Mais avant la guerre, c'était là un phénomène courant. Et, avant la guerre, l'U.R.S.S. n'était point encore devenue la grande sainte Russie du tendre Boulganine, c'était la grande méchante Russie du vilain monstre Staline, celle des purges, des aveux spontanés et des vingt millions de concentrationnaires sibériens.

Or les jobards qui visitaient alors la grande méchante Russie n'étaient pas moins enthousiastes, moins délirants que ceux qui se pressent aux portillons de la grande sainte Russie de la « Détente », et il ne serait pas équitable d'accorder moins d'importance à leur témoignage. Eux aussi, dans le sillage du colonel Édouard Herriot, s'émerveillaient qu'on ne dévorât pas tout cru les petits enfants, et lorsque, par aventure, ils dénichaient une de ces commodités de la vie pratique dont on est tellement saturé en Occident qu'on ne les remarque même plus (et dont les Russes eussent disposé depuis longtemps sans le bolchevisme), alors leur allégresse tournait à l'hystérie : que l'homme se sent petit devant un barrage hydro-électrique !

Parfois, dans la masse, il se détachait pourtant un écrivain honnête (intellectuellement s'entend.) Louis-Ferdinand Céline, par exemple. Ou André Gide.

Il revenait en dénonçant l'imposture. Et naturellement, on ne le prenait pas au sérieux. Car il n'est pas dans le tempérament français de résister à l'offensive conjuguée du charme slave et du mythe socialiste. Mais du moins l'honneur était sauf.

On espère, tout de même, que dans les nouvelles promotions de touristes il se trouvera bien quelque maniaque du non-conformisme qui sauvera l'honneur en refusant de confondre les impératifs de la boulimie soviétique avec la gentillesse de l'homme de la rue. Sans d'ailleurs qu'il ait la moindre chance d'être jamais écouté...

DE VILAINS DOSSIERS

JE voudrais, pour une fois, — et, certes, je sais bien que ça n'est pas très commode — me mettre dans la peau d'un honnête militant de base du Parti Communiste. De préférence, un militant d'un certain âge qui ait eu le temps de vivre, depuis ses origines, — ne serait-ce que par la seule lecture de son Huma l'exaltante aventure soviétique.

C'est une aventure qui commence merveilleusement. Des intellectuels barbus, moustachus et binoclards ont traversé l'Europe ensanglantée dans un wagon plombé afin de venir à Pétrograd infléchir d'un coup sec le cours de l'Histoire. D'autres, tout aussi barbus, moustachus et binoclards sont venus de Finlande. D'autres de Sibérie.

Ils ne sont pas nombreux, mais ils sont la super-élite du prolétariat, la fine fleur de la conscience marxiste, l'espoir suprême de la révolution. Et avec eux, les choses ne traînent guère. Un froncement de sourcils, quelques coups de pieds au cul, deux ou trois salves bien ajustées et les saltimbanques du gouvernement Kerensky rentrent sous terre. Voici changée la face du monde.

Près de quarante ans ont passé maintenant. Et je ne suppose pas que mon militant de base puisse en être ébranlé pour autant dans la confiance qu'une fois pour toutes il avait accordée aux pèlerins barbus, moustachus et binoclards du wagon plombé. L'U.R.S.S. reste pour lui le sol sacré de l'espérance, le phare d'où vient toute lumière.

Mais si le principe est sauf, l'estime inconditionnelle de mon militant pour les géants d'octobre a fatalement subi un certain nombre de retouches successives dont j'aimerais qu'il éprouvât au moins quelque trouble.

Au début, la révolution, c'était Lénine et Trotsky. Et les traîtres — ce qui est bien naturel — c'étaient les agités, les instables, les utopiques, qui n'avaient pas su s'imbriquer dans l'orthodoxie bolcheviste, nommément les mencheviks et les anarchistes. Lénine et Trotsky eurent vite fait de leur mettre, sans littérature, un peu de plomb dans la tête.

Malheureusement, le doux Lénine était d'une santé délicate et il ne tarda pas à être enlevé à l'affection de tous les déshérités de la planète. C'est alors qu'on s'aperçut que Trotsky n'était pas du tout le génie bienfaisant que l'on pensait. Ou plus exactement, c'est Staline qui s'en aperçut. Staline n'avait joué jusque-là, dans l'ombre des binoclards du wagon plombé, qu'un rôle modeste. Mais il occupait ses loisirs à se renseigner et dès que le regretté Wladimir eut cassé sa pipe, il n'hésita pas à faire profiter les camarades de ce qu'il avait appris : Trotsky n'était nullement le créateur de l'armée rouge, il était un homme de main des capitalistes, un agent des ploutocrates, une sorte de grand-duc ivre de sueur prolétarienne.

C'était une première déception : une vipère galeuse s'était glissée dans l'éblouissante cohorte des rouges colombes de la révolution.

Hélas, cette consternante révélation ne devait pas être la dernière. Quelques années plus tard on apprenait que Zinoviev et Kamenev, dont l'action avait paru si décisive en octobre 17, étaient, eux aussi, de vils provocateurs.

Puis on apprit que Piatakov (ministre de l'industrie lourde) dont Lénine avait dit :

« *Il est un des meilleurs espoirs de la révolution*, était en réalité (je cite l'acte d'accusation) *un des plus redoutables agents de la Gestapo.* »

Et que Radek, dont M. Édouard Herriot disait qu'il était « *intelligent, clairvoyant, spirituel* » (*Orient*, p. 398) n'était (je cite les *Izvestia*) qu'un « *reptile rampant plein d'hypocrisie et cachant dans un sourire cajoleur des dents venimeuses.* »

Et que Sokolnikov, signataire du traité de Brest-Litovsk et ambassadeur à Londres, était un « *espion allemand.* »

Et que Yagoda, ministre de la Police et liquidateur de Zinoviev et de Kamenev, était l'assassin de Gorki.

Et que le maréchal Toukhatchevski, grand chef de l'armée rouge, était « *au service de l'espionnage militaire d'une nation étrangère.* »

Et que Rikov, président du Conseil des commissaires du peuple de 1924 à 1930, qui avait « *beaucoup plu à Lénine* [8] », était « *un espion polonais.* »

Et que Boukharine, président de la IIIe Internationale et théoricien N°1 du bolchevisme, « *qu'on ne pouvait ne pas aimer* [9] », « *travaillait depuis 1918 à la restauration du capitalisme et nourrissait une haine bestiale contre le socialisme.* »

Et que Krestinsky, ministre des Affaires étrangères, était « *un espion allemand.* »

Et que Rakovsky, ambassadeur d'U.R.S.S. à Paris et à Londres, était « *un espion anglais depuis 1924 et un espion japonais depuis 1934.* »

Et que Grinko, ministre des Finances, avait dévalué le rouble pour « *ruiner volontairement la puissance financière de l'U.R.S.S.* », parce qu'il travaillait « *pour l'Allemagne et pour la Pologne.* »

Et que Zelinski, secrétaire de l'Union des coopératives, avait « *mélangé au beurre des clous et du verre pilé.* »

Et que Charangovitch, secrétaire du P.C. de Russie Blanche, avait « *inoculé des bacilles aux bestiaux et détruit le cheptel.* »

Et caetera ... jusqu'à Beria, « *agent des impérialistes occidentaux* » ... et Staline, dont on admet aujourd'hui la mégalomanie, les erreurs « *historiques* » et — dans une certaine mesure, mais seulement dans une certaine mesure — qu'il épura un peu lourdement.

Cela fait, en dépit de quelques réhabilitations (qui intéressent surtout les démocraties populaires), un terrible déchet.

Tant de traîtres dans cette phalange immaculée des purs de la révolution d'octobre ! Et aussi tant de bourreaux. Staline, bien sûr, au premier chef. Mais aussi les traîtres eux-mêmes : Rakovsky, qui disait des zinovievistes : « *Pas de pitié, qu'on les fusille !* » Radek, qui renchérissait sur les réquisitoires de Vichinsky, jusqu'au jour où il se trouva lui-même dans le box des accusés. Et également les survivants repus qui font aujourd'hui des mines dégoûtées, devant le cercueil de Staline après avoir tenacement approuvé tous ses crimes.

---

8. — *Mémoires de Kroupskaïa*, veuve Lénine.
9. — Lénine. *Anthologie*, p. 142.

Alors, grands dieux ! à qui pourrait-on encore se fier parmi les géants qui ébranlèrent le monde ?

À Lénine, bien sûr. Celui-là a eu le bon goût de mourir assez tôt pour que ses forfaits — bien réels pourtant — restassent exclus des controverses entre bolcheviks et qu'il fût assuré de conserver ses privilèges de fétiche sacré.

Mais les autres ? Les autres qui ne doivent leurs mines rebondies qu'à la souplesse de leurs échines, qui furent tout à la fois, à un moment ou à un autre, les complices des traîtres et les complices des bourreaux, les autres, Boulganine, Kroutchtchev, Malenkov, Mikoyan, Molotov...

Êtes-vous vraiment certain, cher militant de base, qu'on ne va pas vous révéler à l'improviste leur indignité et leur infamie ? Ils vous inspirent confiance, ces bonshommes ?

Vous me répondrez qu'il n'importe guère et que, selon la formule de M. Sartre, « *le parti ne peut pas se tromper.* »

Faut-il alors que ses voies soient impénétrables pour qu'il n'ait trouvé d'autres truchements qu'une pareille collection de canailles.

Pauvre militant de base...

LA DÉBÂCLE DES MIRLITONS

> « *La modestie est l'ornement du vrai* « *bolchevik.* »
> Staline
> (*Problèmes du léninisme.*)

Je l'ai déjà dit et je le redis sans la moindre ironie : les injures dont les créatures de Staline accablent aujourd'hui leur maître défunt constituent l'une des entreprises les plus déshonorantes que l'on puisse concevoir.

Nous avions le droit, nous autres, d'attaquer ce monstre de génie. Et de railler les malheureux esclaves qui léchaient d'une langue avide les orteils du despote. Ce droit, nous l'avons toujours. Mais M. Khrouchtchev ne l'a pas et ne l'aura jamais, ni aucun des nantis qui se sont engraissés dans le sillage du maître, qui de son vivant rivalisaient de servilité, qui démontrent aujourd'hui, en crachant sur sa tombe, qu'il a sans doute eu tort de les laisser vivre, qu'il eût dû les liquider comme les autres chiens puants du gang boukharino-trotskyste.

L'abjection de ces domestiques indélicats est si éclatante qu'elle risque de nous faire oublier ce qu'il peut y avoir de fondé dans leurs critiques. Et d'oublier aussi à quelles altitudes de franche drôlerie pouvait atteindre le « culte de la personnalité » lorsque l'encensoir des aèdes soviétiques se balançait sous les rudes moustaches du père des peuples.

Il se trouve qu'en feuilletant de vieux dossiers — échappés par miracle à la mégalomanie des libérateurs — je viens de retrouver un certain nombre de textes qu'il serait égoïste de garder pour moi tout seul. Je les offre bien volontiers à mes confrères patriotes de « L'*Humanité* » pour le cas bien improbable où il leur prendrait l'envie d'illustrer par des exemples ce qu'il faut entendre par « adulation excessive. »

Délibérément, je laisse de côté les textes purement politiques, les textes en prose où, sous la signature de Molotov, de Mikoyan, de Malenkov et autre Kaganovitch, le feu dictateur est baptisé père des cosaques, créateur des tracteurs, maître et ami des artistes, premier guide de tout inventeur et grand mécanicien de la locomotive de l'histoire.

Ne retenons que les poèmes qui ne sont pas moins caractéristiques et qui ont l'avantage d'être beaucoup plus comiques. Des poèmes de cette sorte, la presse soviétique d'avant guerre en faisait une énorme consommation. Il n'était que de se baisser pour ramasser des brassées de mirlitons joliment enrubannés.

Donnons d'abord la parole au barde blanc-russien Janka Koupola :

> *À toi, mon maître, tous mes désirs*
> *Et mes chants et mes rêves*
> *Et les battements de mon cœur*
> *Ô toi, notre maître comme un beau soleil*
> *Tu m'as ouvert les yeux*
> *Et sur le ciel et sur la terre*
> *Brille mon soleil.*
> *Pénètre par mes fenêtres*
> *O soleil bienvenu !*
> *Il n'y a plus d'hiver*
> *On ne redoute plus les ténèbres.*
> *C'est ton œuvre, Ô maître*
> *Qui a tout éclairé*
> *Chante ô pays heureux*
> *Chante la gloire de Staline.*

Écoutons ensuite un autre amant des muses, un certain Tourmagambet qui versifiait — car les voies de la poésie soviétique sont impénétrables — dans « *La Vie Économique* » (sic) !

> *Staline est un aigle puissant*
> *Qui vole plein de courage*
> *Et grâce à cette puissance, grâce à ce courage.*
> *Le peuple a été libéré.*
> *Staline, c'est la sagesse des siècles,*
> *Staline c'est la jeunesse de la terre.*
> *C'est pour la fraternité et le bonheur des peuples*

> *Qu'il est venu au monde*
> *Souris Ô Staline aux enfants*
> *Et les petits deviennent heureux.*
> *Prend-il les enfants dans ses bras*
> *Et c'est aux mères d'être heureuses*
> *Quand il donne des crèches aux écoles*
> *Tout le pays est heureux*
> *Parce qu'il a un père chéri et vigilant*
> *Un père grand et sage*
> *Et c'est pour cela que les chanteurs*
> *Chantent la chanson du bonheur.*

Pris d'émulation, le grand poète caucasien Souleyman Stalski — un vieux brave barbu au chef orné d'un bonnet cosaque — ne saurait demeurer en arrière :

> *Tu as construit, notre père, le palais des contes de fées*
> *Auquel, enfants nous rêvions*
> *Tu contemples la naissance du jour*
> *Et les étoiles de l'aube obéissent à ta volonté*
> *Ton incomparable génie monte jusqu'aux deux*
> *Ta pénétration sonde la profondeur des océans*
> *D'un seul coup d'œil, tu embrasses le nord et le sud*
> *Et ton oreille perçoit les rumeurs des pays*
> *Où le soleil se couche*
> *Et des pays où le soleil se lève.*

La palme, dans ce tournoi d'apologétique rimée, où MM. Aragon et Claude Roy, malgré tous leurs efforts, ne feraient que piteuses figures, semble revenir à un quatrième larron, le barde turkmène Djamboul. Personnage considérable, encore plus considérable que Minou Drouet, puisque, pour son soixante-quinzième anniversaire, l'association des « écrivains et artistes prolétariens » n'hésita pas à lui envoyer à Karakastek (à 5.000 km de Moscou) une imposante délégation conduite par le camarade-comte Tolstoï en personne.

Et à ce propos, la « *Pravda* » précisait dans un numéro spécial :

> « *L'image de Staline est le point central de toute la création poétique de Djamboul.* »

Parbleu.

Qui en eût douté ? Mais écoutons les accents de la lyre djamboulienne !

> *Il a réuni la caravane, Lénine*
> *Et Staline la conduit.*
> *Il est génial, il est l'âme du peuple*
> *Il a habillé ses hommes de robes de soie*
> *Il leur a forgé des destins heureux*
> *Il leur a appris à chanter le socialisme et le bonheur*
> *Staline tes rayons ont réchauffé mon cœur*
> *L'amour et la joie se dégagent de toi*
> *Ton image est dans le peuple*
> *Comme le soleil dans le cristal*
> *Avec toi nos yeux brillent*
> *Dans nos steppes, les ruisseaux ont percé le sable*
> *Tu as arrêté l'écoulement des larmes*
> *Tu as rempli d'eau les rivières desséchées*
> *Tu as fertilisé les déserts de pierre*
> *Tu es celui dont rêvaient nos ancêtres.*

Ne croyez pas d'ailleurs que ce brillant poète se contente d'aduler. Il sait être aussi, à sa manière, le barde des « *châtiments.* » Les châtiments des trotskistes-droitiers, en l'occurrence. Et sa lyre devient alors policière :

> *Enfin les chiens sanglants sont capturés*
> *Plus carnivores que les loups, plus perfides que les renards*
> *Dans leurs corps au sang froid de vipères*
> *Ils ignorent la chaleur humaine*
> *Plus vite, plus vite, châtions-les*
> *Et jetons dans la fosse leurs cadavres pesteux*
> *Ils ont aiguisé leurs griffes*
> *Et leurs crocs contre Celui* [10]
> *Qui allume pour nous le soleil*
> *Juges, tuez-les. Il ne faut plus qu'ils vivent.*
> *Aux chiens la mort des chiens !*

---

10. — Il ne s'agit pas de Dieu, mais de Staline.

Comment n'eût-on pas récompensé un artiste aussi doué et animé d'un civisme aussi émouvant ? Staline connaissait son devoir. Il décerna au barde turkmène l'ordre de Lénine et le titre de « poète du peuple. »

Hélas ! que sont devenus aujourd'hui Koupala, Tourmagambet, Stalski, Djamboul, tous ces versificateurs ingénus, rentés, décorés qui y allaient de si bon cœur, luth au poing, sous les baisers de la muse stalinienne ? Rejetés dans les oubliettes. Ou flétrissant au même rythme, le « culte de la personnalité » ?

Aucun de ces gens-là, d'ailleurs, n'a jamais réussi à aller aussi loin qu'un simple prosateur, le maréchal-robinetier Klim Voroshilov qui, lui, est demeuré en place, bien qu'en matière de « culte de la personnalité », il ait en somme surclassé tous ses rivaux, le jour où il écrivit :

— Le camarade Staline est l'ennemi le plus irréductible de la présomption et de la vantardise.

Staline modeste.

C'était simple. Mais il fallait y penser.

VII

Les têtes carrées

LE DIKTAT DU RÉARMEMENT

*L*A dernière fois que l'Allemagne désarmée s'était offert une armée, elle l'avait fait très vilainement. Sans demander la permission de qui que ce soit. En roulant de gros yeux furibonds.

Rien de semblable, cette fois-ci. Sa nouvelle Wehrmacht, ce n'est pas elle qui l'a demandée, ce sont les alliés qui la lui offrent. Mieux, qui l'exigent. Les jeunes Fridolins ne sont pas autorisés à jouer au petit soldat. Ils sont requis de s'habiller dare-dare en vert-de-gris (ou en toute autre couleur plus atlantique) avec la bénédiction de tous les vrais démocrates.

Et s'il est exact que dans la victorieuse coalition qui vient d'imposer à l'Allemagne le DIKTAT du réarmement, les Français se sont, de loin, montrés les moins empressés, c'est tout de même aux deux Assemblées souveraines de la Quatrième République que les Allemands doivent, en définitive, l'honneur et l'avantage de recommencer à subir l'impôt du sang.

Je me garderai bien, naturellement de prendre parti dans ce débat. Mais rien ne m'interdit de savourer une situation dont la drôlerie paradoxale doit être sans précédent.

Voyons d'abord le « cadeau. » Une armée peut bien être pour un peuple une nécessité vitale. Pratiquement, ça n'est jamais une nécessité agréable. C'est très ennuyeux de faire son service militaire. C'est très ennuyeux de payer des contributions pour acheter des obusiers alors que le même argent aurait, de mille autres manières, une utilisation plus attrayante. Et c'est très ennuyeux, lorsqu'on s'est longuement entraîné au maniement d'armes et qu'on s'est longuement saigné à régler les factures d'obusiers, de finir par saigner sans métaphore, pour de bon, avec de gros morceaux de fonte dans les entrailles.

Or, les gens qui viennent d'offrir à l'Allemagne des casernes, un budget militaire et des croix de bois (en puissance) sont ceux qui lui veulent du bien. Ses ennemis les plus haineux, les plus systématiques, les plus irréconciliables, les théoriciens de l'animosité héréditaire et de la responsabilité collective, les maniaques du Boche-à-tête-carrée et du Nazi congénitalement génocide, se sont montrés tout au long de nos colloques d'un avis bien différent. Ils détestent tellement l'Allemagne qu'ils n'ont cessé d'exiger qu'à l'âge où les jeunes Français accèdent à l'exaltant leadership des adjudants, les jeunes Allemands fussent contraints de continuer à aller cueillir des myosotis dans les montagnes bavaroises et qu'on châtiât sévèrement l'Allemagne en l'empêchant de jamais construire autre chose que des villas, des piscines et des autos, et de jamais risquer un bout d'ongle pour la défense de l'Europe.

On ne manque pas de crier à tous les vents que si elles ont finalement donné leur sanction au réarmement allemand, les deux Assemblées de la IVe l'ont fait sous la pression (« *inadmissible, intolérable, etc.* ») de nos grands alliés.

Et, certes, cette pression n'est pas contestable.

Mais les représentants librement élus du peuple souverain n'eussent tout de même pas couru, en s'insurgeant, des périls bien atroces. Aucune gestapo américaine n'eût enfoncé des petits bouts de bois sous les ongles des parlementaires indociles. Impossible non plus de prétendre que ce réarmement a été voté par une majorité de fascistes assassins. Il a été voté par des gens qui (légitimement ou non) se réclament tous de la Résistance, dont la philosophie comporte l'anéantissement sans appel de la puissance militaire allemande. Et avant que le débat se transportât au Sénat, l'homme qui s'est battu comme un lion pour arracher l'adhésion de l'Assemblée, c'est M. Mendès-France, c'est-à-dire l'homme que ses origines ethniques et sa religion politique semblaient le moins prédisposer à la résurrection de la Wehrmacht.

À côté de ce que viennent de faire ces Résistants qui ont réarmé l'« ennemi », les services rendus jadis à l'Allemagne par Laval, par exemple, apparaissent ridiculement dérisoires ; il subissait un état de fait dont il n'était nullement responsable et dont il s'efforça, tout au plus, de limiter les inconvénients. Ses pires détracteurs ne l'ont jamais accusé d'avoir créé une armée allemande. Les députés et les sénateurs qui ont voté les Accords de Paris ont créé, eux, de leur plein gré une armée allemande.

Pour que la drôlerie de cette situation atteignît à la perfection, il eût fallu — mais c'est la une hypothèse rétrospective d'une pénible absurdité — que les Allemands à leur tour entrassent dans le jeu et annonçassent à leurs protecteurs que, tout bien réfléchi, les gaîtés de l'escadron et du *Zug de 8 Uhr 47* ne les faisaient plus rire, et qu'ils ne se souciaient point de trépasser pour les aimables libérateurs qui phosphorisèrent si méthodiquement leurs fils et leurs compagnes pendant que l'ancienne Wehrmacht se battait contre l'ennemi qu'on leur désigne aujourd'hui.

C'est pour le coup qu'on eût entendu un joli tollé :

« *Voyez-vous ça ! Ces vilains Boches qui ne veulent plus se battre ! Décidément, on ne fera jamais rien de propre avec ces gens-là...* »

Hélas, nous avons été privés de ce gag. Les braves petits Fridolins troquent sans trop se faire prier les parties de babyfoot pour les corvées de quartier, et les démocraties auront, pour la prochaine der des der, leur contingent de chair à fission germanique.

Mais il va de soi que l'autorisation de se faire tuer pour une juste cause (« *Heureux les épis mûrs, etc.* ») doit être accueillie par les Allemands comme une grande faveur. Et qu'ils doivent dire merci. Même si ce bienfait leur est octroyé d'assez mauvaise grâce.

Et il va de soi également que la presse française toujours écrasée par la logique cartésienne serait tout à fait rassurée si notre nouvel allié était tout à fait incapable de faire le moindre bobo à l'ennemi. On n'a accepté cet allié qu'à contrecœur — à cause de cet odieux plan Marshall et de ces affreuses commandes *off shore* — et maintenant qu'on l'a, on serait tout guilleret que son armée se limitât à quelques escouades munis tout au plus de frondes et de gourdins.

C'est ce qu'exprime, mieux que de longs articles, la caricature publiée par l'*Aurore* le lendemain de la restauration de la souveraineté allemande. Une gentille Marianne désigne du doigt à une Germania (traînant, bien sûr, un canon) une grosse paire de bottes et lui ordonne impérieusement :

« *Minute ! non !* »

D'où l'on peut conclure que l'*Aurore* accepte bien que les Allemands meurent pour Pont-à-Mousson, mais à la condition express qu'ils qu'ils n'aient pas de bottes, qu'ils meurent pieds nus.

Comme les soldats de l'An Deux. Les soldats de l'an *Zwei* en quelque sorte.

Seulement les soldats de l'An Deux, soit dit en passant n'étaient pas invincibles parce qu'ils manquaient de chaussures mais parce qu'ils étaient trois fois plus nombreux que leurs ennemis impériaux et royaux.

UN DÉSASTRE SYNTHÉTIQUE

*A*INSI donc, le référendum sarrois a administré une fois de plus la preuve — et elle n'est pas pour surprendre les patriotes — que les Boches restent irréductiblement des Boches. Qu'ils demeurent les Germains de Tacite abrutis par la sylve natale. Qu'ils sont toujours capables des pires méfaits. A-t-on idée étant Allemand, de voter Allemand et de se satisfaire d'être Allemand ?

Ce dernier trait de barbarie, maints symptômes en laissaient prévoir la détestable survivance. Un quotidien rapportait par exemple ce détail atroce : des prisonniers allemands étaient rentrés chez eux, après une douzaine d'années de vacances en Sibérie, en chantant le « *Deutschland über Alles* », au lieu de chanter la *Marseillaise* ou l'hymne russe.

Et le quotidien concluait :

« Il n'y a décidément rien a tirer de ces gens-là, ils sont indécrottables. »

Sans doute ce référendum sarrois ne signifie-t-il pas grand-chose en soi, puisque, comme l'explique si lumineusement Victor Hugo à propos des plébiscites impériaux, lorsque la volonté du peuple est contraire à la volonté des « vrais » démocrates, elle est nulle et non avenue. Et tous les journaux français n'ont pas manqué de signaler que les adversaires du statut avaient eu recours à des procédés inqualifiables, tels que des campagnes d'affiches, de réunions publiques et de coups de téléphone, ce qui a manifestement faussé le sens du scrutin.

Pourtant le résultat est acquis et il est choquant qu'un territoire qui a eu l'honneur et l'avantage d'être administré si longtemps par un personnage aussi prestigieux que M. Hirsch-Ollendorf dit Grandval ait tiré de cette tutelle un si médiocre profit moral. Choquant aussi qu'il soit demeuré insensible à l'origine ethnique du maréchal Ney. C'était là l'argument massue : Ney était né à Sarrelouis, il fallait donc voter « *ya.* »

Type d'argument, soit dit en passant, qui vaudrait admirablement, le cas échéant, pour la Saxe et pour la Pologne, pour peu que l'on sût rameuter convenablement les mânes du vainqueur de Fontenoy et celles du maréchal Poniatowski.

Mais il est une considération qui, à elle seule, aurait dû enlever la décision. M. Edgar Faure avait proclamé, devant l'Assemblée nationale, que si on le renversait les Sarrois voteraient « *nein* » (et que si on ne le renversait pas, ils voteraient « *ya* ».) On n'a pas renversé M. Faure et les Sarrois ont tout de même voté « *nein.* » Comment ne se scandaliserait-on pas d'un pareil dédain des impératifs de la politique intérieure française ?

Et comment accepter avec équanimité que ces ingrats refusent de s'intégrer à l'Europe ? Sans doute l'Europe n'existe-t-elle pas. Sans doute son principe même a-t-il été rejeté avec horreur par les vaillants qui firent chez nous échouer la C.E.D.

Sans doute si la C.E.D. avait été édifiée, le choix proposé aux Sarrois eût-il eu une tout autre subsistance : ils eussent eu à choisir entre deux réalités, et non point entre une hypothèse mythique et une réalité, entre une Europe conjecturale et la patrie allemande. Mais c'est là une objection dont la futilité doit être évidente puisqu'elle ne semble par effleurer un instant les astucieux fossoyeurs de la C.E.D. qui sont les plus acharnés à reprocher aux Sarrois de ne pas vouloir ce dont nous-mêmes nous n'avons pas voulu.

Comment ne serait-on pas surpris, également, de la répugnance manifestée par les Sarrois devant un statut qui, pour européen qu'il fût théoriquement, n'en avait pas moins été inspiré par la France et aurait dû en bonne logique bénéficier de l'énorme puissance d'attraction que les *supermen* de la Quatrième ont réussi à donner à notre pays ? Est-il possible, en vérité, de ne pas être fasciné par la démocratie française, de ne pas être ébloui par les géants qui, de De Gaulle à Edgar Faure, à Mendès-France, à Guy Mollet ont si superbement exploité les fruits d'une victoire et qui s'emploient, non moins superbement, à laminer les iniquités impériales, à extirper des derniers territoires d'outre-mer les dernières hontes de la présence française ? Que les Sarrois soient demeurés insensibles à un tel rayonnement montre bien l'épaisseur de leurs cerveaux.

Quant aux dirigeants de la politique française, ils n'ont naturellement rien à se reprocher. Au lendemain de la dernière guerre, ils eussent pu se contenter tout bêtement de rechercher en Sarre des avantages économiques que nul ne leur eut refusés et qui avaient des chances raisonnables de se perpétuer. Ils ont préféré quelque chose de plus voyant, de plus spectaculaire, ils ont voulu que ce problème économique prît des contours nettement politiques.

C'est qu'il eût été consternant que la France et l'Allemagne fussent brutalement privées d'une raison bien tangible de se quereller jusqu'à la consommation de siècles. Or il semblait bien qu'après la dernière guerre, la question de l'Alsace-Lorraine fût définitivement réglée. Qu'allait-on devenir ? Fort heureusement, les politiques du Système veillaient. Ils connaissaient leur devoir. Et ce fut un jeu pour eux de fabriquer une Alsace-Lorraine synthétique. On ne se querellait plus pour Strasbourg, on se querellerait pour Sarrebruck. L'essentiel était qu'on eût une raison de se quereller, que fût écarté l'affreux cauchemar d'une véritable réconciliation franco-allemande.

Cette fine politique a porté les fruits que, dès le début, il était aisé de prévoir. Il était fatal qu'un jour viendrait, dans six mois, dans dix ans, dans cinquante ans, où les Allemands de la Sarre s'affirmeraient Allemands. Mais il n'était pas fatal du tout que cette affirmation-là se transformât en défaite française. Lorsqu'un citoyen du Sussex déclare qu'il est Anglais, lorsqu'un Napolitain se proclame Italien, nul en France n'en ressent d'humiliation. L'hispanité de la Castille n'est pas un camouflet pour la France.

Pour que le germanisme de la Sarre devînt une sorte de catastrophe nationale, il a donc fallu que les politiciens français s'employassent avec un acharnement fébrile à fabriquer de toutes pièces les conditions d'un désastre essentiellement artificiel.

Ils y sont parvenus au delà de toute espérance.

La « perte » de la Sarre — qui n'est tout de même pas une province française — a été ressentie par les gens du Système bien plus cruellement que la perte de possessions coloniales authentiqueraient et légitimement françaises.

Mais qui pourrait en faire grief à ces fins politiques ?

La France n'est-elle pas le Christ des nations ?

Plus on l'humilie gratuitement et plus on accroît ses mérites spirituels.

———◄o►———

LE BOOM DES FAUX JETONS

Presque toujours, l'histoire des événements auxquels j'ai eu l'infortune d'assister écorne quelque peu ma sérénité. Je préfère de beaucoup les récits que la poussière des siècles a patinés. L'épisode du vase de Soissons, par exemple. Là, point de péril pour le confort intellectuel. Grégoire de Tours a fixé une bonne fois pour toutes les suspenses de cette reprise en main d'une troupe personnaliste, et comme il fut le seul à relater l'affaire, nul n'a jamais le mauvais goût de le contredire. On se contente de le copier, inlassablement.

On ne risque pas grand-chose, non plus, avec des épisodes moins exclusivement protégés par le *copyright* d'un narrateur unique et soumis périodiquement à la curiosité des chercheurs sacrilèges qui s'acharnent à démontrer que Louis XIV n'a jamais dit :

« *L'État, c'est moi !* »

Ni Marie-Antoinette :

« *Qu'ils mangent de la brioche !* »

On sait qu'en dépit de ces efforts, c'est la fiction épinalienne qui, en définitive, l'emportera. Et comme cette fiction se confond avec l'attendrissant souvenir des premiers manuels scolaires, ou se résigne aisément à ce qu'elle survive.

Ce qui est plus malaisé, lorsqu'on a vécu un fragment d'histoire, c'est de voir naître la fiction de cette histoire-là qui sera, tout bonnement, l'histoire pure et simple de demain.

Malgré tout, en effet, on a toujours tendance à se fier plus ou moins à sa mémoire, à ses sens, au témoignage des copains et l'on défaille de voir surgir des machines à affabuler tant, d'images si outrageusement contraires à ce qu'on croyait être la vérité.

Mais à quoi bon s'obstiner à tourner le dos au progrès ? Le citoyen éclairé se doit au contraire de s'adapter aux impératifs de l'histoire, et de rectifier ses erreurs d'optique. Car c'est lui, bien sûr, le citoyen qui a tort contre les mythes.

C'est ainsi que je m'étais fait, aux environs du 10 mai 1940, des idées tout à fait absurdes sur l'armée allemande. Et d'autres, je dois le dire, se les étaient faites aussi et les ont conservées — qu'ils fussent collabos ou maquisards — jusqu'au dernier jour de la guerre.

On s'était imaginé — moi et les autres — que les soldats allemands étaient de redoutables guerriers, admirablement disciplinés, animés d'une sombre ardeur patriotique et farouchement résolus à gagner la guerre pour l'Allemagne et pour le Führer.

Eh ! bien, il n'en était rien.

C'était une grossière illusion, un mirage, une invention de la propagande. Les armées du Reich qui déferlèrent sur l'Europe de la manière que l'on croit — à tort — se rappeler étaient strictement composées de militants antinazis, profondément attachés à la démocratie, profondément pacifistes, profondément défaitistes.

De-ci, de-là, il y avait bien, parbleu, une brute à croix gammée qui poussait ces militaires bucoliques à la boucherie, mais l'ensemble était franchement antihitlérien et si les hommes obéissaient parfois, c'était toujours à contrecœur, en murmurant entre leurs dents :

> « Vivement que nous soyons battus ! Vivement que les Anglais débarquent ! Vivement que les Russes soient à Berlin. »

Les meilleurs de ces militaires grommelants faisaient, d'ailleurs, de leur mieux pour hâter une issue aussi conforme aux intérêts bien compris de leur patrie, soit en faisant sauter des trains de munitions, soit en sabotant des avions, soit en plaçant quelque explosif sous le siège du chef de l'État, soit en renseignant tenacement les deuxièmes bureaux des puissances ennemies.

J'avoue que je ne m'étais jamais douté que l'armée allemande était comme ça. Et j'avoue que, maintenant que je sais qu'elle était comme ça, je me sens quelque peu penaud d'avoir été parmi les deux millions de soldats français qui furent capturés en quelques jours par les objecteurs de conscience d'outre-Rhin.

Pourtant, impossible d'en douter : tous les témoignages concordent. C'est-à-dire tous les films de guerre que les Allemands sortent depuis quelques mois à la cadence d'un par semaine. À l'origine de chacun de ces films, il y a un bouquin. Et il doit y avoir encore beaucoup plus de bouquins que de films pour bien démontrer aux Allemands d'abord et au monde entier ensuite que les guerriers du IIIe Reich n'étaient point du tout les valeureux combattants qu'on avait cru affronter, mais un ramassis de dégonflés, de pleutres et de mouchards.

Car c'est bien d'une démonstration qu'il s'agit.

Et j'ignore si finalement l'histoire retiendra ce mythe — pas plus absurde, après tout, que tant d'autres mythes historiques, pas plus contraire à la vérité que le mythe de la « libération » de Paris — mais je retiens l'intention.

Les Allemands sont en train de se donner un mal énorme pour persuader à leurs vainqueurs que leurs soldats étaient des traîtres.

Et sans doute ne le font-ils pas de gaîté de cœur.

Sans doute beaucoup d'entre eux préféreraient-ils que les kilomètres de pellicules impressionnés dans les studios de la République fédérale donnassent une idée plus noble — ou plus conventionnelle, si l'on préfère — de leurs héros : autrefois le héros était cornélien ou déroulédien ; aujourd'hui c'est le général de la Luftwaffe qui sabote les avions de ses camarades d'escadrille, c'est le chef du service de renseignements qui informe l'ennemi en priorité, c'est l'artilleur qui tire sur son infanterie.

Autrefois, dans le manichéisme mélodramatique, il y avait le traître et le héros violemment opposés. Aujourd'hui c'est le héros qui est un salopard et c'est le traître qui est le héros.

Mais si les Allemands donnent avec tant de zèle — et une certaine outrance congénitale — dans cette éthique nouvelle pour tenter de refaire leur histoire de la der des der, il faut reconnaître qu'ils ont pas mal de circonstances atténuantes.

Depuis dix ans, on les invite à s'aligner sur leurs vainqueurs, à copier leurs institutions, leurs coutumes, leurs mœurs, leurs tics. Or, parmi les personnages qui sont le plus en honneur parmi les vainqueurs, il y a les messieurs-dames à double face qui trahissaient tout le monde et qui s'étaient assurés ainsi de gagner la guerre dans tous les cas. Et il y a, aussi, dans le temple de la gloire, bien au- dessus des combattants en uniformes, les *dynamiteros* (présumés) en complet veston.

L'Allemagne n'avait ni les uns ni les autres.

Ce qui lui donnait piteuse figure dans le concert (comme on dit) des nations libres où l'on ne pénètre qu'en faisant la preuve de ses quartiers de résistance.

Grâce à son industrie cinématographique, l'Allemagne est en train de combler cette déplorable lacune. Elle remonétise ses valeurs morales en transformant ses vrais jetons en faux jetons.

Ce serait assez consternant si ça n'était d'abord ridicule.

VIII

Du neuf, du raisonnable et du constructif

ET D'ABORD, DÉCORONS DE GAULLE !

Comme tout le monde, je n'ai guère lu les Mémoires du général De Gaulle. Mais, comme tout le monde, je sais que c'est une œuvre admirable qui hisse son auteur sur les sommets, qui l'installe parmi les plus illustres.

Et comment ne le saurais-je pas ?

Les gazettes de la France libérée l'ont clamé à tous les vents en jetant en vrac des brassées d'apparentements prestigieux : Saint-Simon, Thucydide, Bossuet, Salluste, Retz, Joinville, Flavius Josèphe et Grégoire de Tours qui n'éveillent, certes, que d'assez confuses lueurs dans les honnêtes cervelles des lecteurs mais qui garantissent du moins le sérieux et le classicisme de l'entreprise.

Sans doute le tirage des Mémoires demeure-t-il très inférieur à celui de Bonjour tristesse ou de Pas de ris de veau pour les otaries. Là cependant n'est pas la question. Ce qui compte, c'est le fignolé de cette auto-apologie qui montre bien, qu'une fois de plus, la France immortelle reste le pays de la qualité.

Et tout de suite, la question monte aux lèvres : comment récompenser le fantastique artisan des lettres qui vient d'ajouter un pareil lustre au rayonnement de notre pays ?

Le prix Nobel ? Oui, ce ne serait que justice. L'accolade du grand Haakon au Grand Chose aurait l'éclat d'une apothéose. Mais les Norvégiens comprendront-ils leur devoir ?

Le prix Goncourt ? Évidemment, les Mémoires sont bien un roman et rentrent comme tel dans la catégorie des ouvrages couronnables. Mais aligner le général de Gaulle sur Madame Triollet, M. Gascar et M. Fayard (Jean) ? Fi donc...

L'Académie ? Beaucoup y songent. Et ce serait un spectacle bien exaltant que celui du Haut de Hurlevent vêtu de vert Wehrmacht sous un mâle bicorne d'encaisseur de la belle époque. Là encore, hélas, il y a des équivalences d'immortalité (sinon de grade) qui amenuiseraient de façon consternante la pérennité du héros. Voit-on De Gaulle confondu — serait-ce dans le marbre du Quai Conti — avec Godeau, Cerisay, Giry, Dubos, Patin et Mauléon [11] ?

Pour un homme aussi singulier, il faut une récompense qui ne soit pas moins singulière, qui consacre, en l'accentuant, sa singularité.

Et c'est bien ce qui rend tellement ardu le choix de la récompense. Car si les hochets dont se satisfait habituellement la vanité des gens de lettres sont indignes de l'auteur des Mémoires, les autres distinctions qui réussissent, d'habitude, à conférer de l'éminence aux citoyens, encombrent déjà le torse altier du général.

Pas question de lui coller en double la Légion d'honneur, ou la Croix de guerre, ou la Victoria Cross, ou le Distinguish Service Order, ou l'Étoile d'Anjouan.

Alors ?

Alors, nullement découragé par ces premières perspectives infructueuses, j'ai ouvert le gros Larousse à la planche « Décorations » et d'emblée l'abondance des croix, des ordres et des étoiles m'a rendu confiance. Impossible que, dans le tas, il ne se trouve pas quelque médaille qui pourrait fructueusement s'ajouter à la batterie du général.

Les palmes académiques ? Un peu mince tout de même. La médaille des douanes et la médaille des Contributions indirectes ? Le rapport paraît lointain avec le suc des Mémoires, encore qu'on ne soit pas très loin de la contrebande. La médaille des épidémies ? À la rigueur, mais en se mettant préalablement d'accord sur la nature desdites épidémies et, à notre connaissance, la psychopathie n'est pas contagieuse. La médaille des services de voirie ? Voilà qui est déjà plus adéquat, qui cerne de plus près la substance de l'entreprise de Covent Gardens.

J'en étais là de mes recherches, lorsque, brusquement, je me suis senti inondé d'une douce joie. J'avais trouvé.

---

11. — Ces noms ne sont point inventés. Ce sont des noms d'immortels homologués.

Eurêka, comme disait l'autre dans sa baignoire.

Toutefois, avant d'aller plus loin, avant de vous révéler la trouvaille qui permettra enfin à la France de récompenser son supergénéral comme il le mérite, peut-être convient-il de situer très exactement ce qui doit être récompensé.

Le mérite littéraire, bien sûr. Mais nous avons vu que les distinctions littéraires ne suffisaient pas. Reste l'action politique qui constitue d'ailleurs le sujet même des Mémoires et se confond avec eux.

Or, cette action politique qui a fait l'objet de tant de controverses semble avoir été dépouillée de sa signification réelle. En désignant le général De Gaulle comme le « libérateur de la France » on met l'accent sur l'accessoire pour négliger l'essentiel.

Libérateur, certes, De Gaulle le fut. Mais à une échelle limitée, au même titre que le contingent tchèque de 1916 peut prétendre qu'il gagna la bataille de Verdun. De toute façon, la France eût été libérée par les Anglais et les Américains et l'avantage d'avoir été admise d'emblée — grâce à De Gaulle, dit-on — parmi les « grands » n'est pas évident : la France y a perdu son empire et elle n'est pas plus « aidée » aujourd'hui que l'Espagne qui n'est ni un « vainqueur » ni un « grand. »

Enfermer le général De Gaulle dans son titre de « *Libérateur* », c'est rapetisser singulièrement ses mérites qui ne deviennent vraiment éclatants qu'après la libération.

Là, De Gaulle ne doit plus rien aux Anglais et aux Américains qui se moquent désormais de ce qui peut bien se passer sur leurs arrières. Il est son seul maître. Il peut, tout à loisir, donner sa mesure. Et il fait librement ce qu'aucun chef d'État français n'avait osé faire avant lui : après avoir laissé gentiment trucider 100.000 Français, il en incarcère arbitrairement près d'un million, dont une bonne partie sont ensuite condamnés « régulièrement » par ses soins.

Alors s'ouvre pour une de nos industries une ère de prospérité sans précédent : l'industrie des prisons. Jamais les maisons d'arrêt, les maisons de force, les maisons de correction n'avaient connu pareille affluence. Jamais l'Administration pénitentiaire n'avait connu pareil surmenage ni embauché tant de personnel. On ne refuse pas de monde, parce qu'on ne refuse jamais les clients dans les prisons.

Mais on les entasse.

Et l'on ouvre en hâte des camps de concentration, ceux que les Allemands avaient laissés en s'en allant s'étant révélés ridiculement exigus.

C'est cela l'œuvre de De Gaulle. Sans lui les autres événements de guerre se fussent déroulés exactement de la même manière. Mais grâce à lui les prisons françaises ont battu tous les records nationaux et internationaux.

Cet « exposé des motifs » suffit à désigner la récompense que la France se doit d'octroyer à l'homme du 18 juin.

Il existe une médaille — une jolie petite médaille rouge et verte — que l'on donne après quinze ou vingt ans de service à d'humbles et honnêtes gardiens simplement parce qu'ils ont passé leur vie à ouvrir et à fermer des portes de prison.

Mais si grand que puisse être le nombre des gens que les titulaires habituels de la Médaille Pénitentiaire ont enfermés, en quinze ou vingt ans, De Gaulle, lui, d'un seul coup, les a tous surclassés.

L'équité commande donc de lui décerner sans tarder le seul ordre pour lequel ses états de service le qualifient sans discussion possible. Et même de l'en nommer Grand Chancelier.

À l'instar des illustres capitaines qui ont la coquetterie de ne porter dans les grandes circonstances qu'une seule décoration, la Médaille militaire, il serait beau que de Gaulle n'eût, lui aussi, à la boutonnière, pour sa prochaine descente des Champs-Élysées, qu'une seule décoration : la Médaille pénitentiaire.

—◆◇◆—

CATÉCHISME

Question : Qu'est-ce que la monarchie ?
Réponse : *C'est un régime absurde, d'un archaïsme pénible et qui tend à perpétuer l'oppression du peuple.*
Q. : Il fallait donc se réjouir lorsque les Italiens dépossédèrent le Roi des Rois et lorsque les Français exilèrent S.M. Mohammed V ?
R. : *Nullement, car le Négus et le Sultan symbolisent l'esprit de résistance à des maux bien plus atroces : le fascisme et le colonialisme.*

❦

Q. : Les catholiques ont-ils le droit d'éprouver de la sympathie pour Franco ?
R. : *Ils doivent au contraire l'exécrer car, comme l'ont si lumineusement expliqué MM. Mauriac et Bernanos, en favorisant les curés, Franco trahit les véritables intérêts de l'Église.*
Q. : Où se trouvent les véritables intérêts de l'Église ?
R. : *Dans les pays de démocratie populaire ; on y baigne en effet dans un climat de persécution qui enthousiasme la rédaction d'Esprit et qui permet à la spiritualité son plein épanouissement.*
Q. : Qu'est-ce qu'un nationaliste français ?
R. : *C'est un personnage anti-historique qu'il faut mettre hors d'état de nuire par tous les moyens.*
Q. : Qu'est-ce qu'un nationaliste algérien (ou malgache ou targui ou bambara) ?
R. : *C'est un personnage hautement propice à l'épanouissement du devenir historique et il faut l'aider par tous les moyens.*

❦

Q. : Est-il permis de tuer un Juif ?
R. : *Absolument pas si on le tue en tant que Juif.*
Q. : Alors, comment peut-on le tuer ?
R. : *On peut le tuer en tant que commerçant. C'est même très recommandé par de hautes autorités, notamment par M. Pierre Besanger qui, parlant d'un pogrom marocain, a écrit dans France-Observateur qu'il s'agissait là d'une manifestation d'« antisionisme très légitime » sans commune mesure avec le hideux antisémitisme hitlérien. De même qu'il ne faut pas confondre les lois racistes de Nuremberg qui sont indéfendables, avec les sages mesures de sécurité prises par le gouvernement soviétique contre les « cosmopolites. »*

Q. : A-t-on le droit d'incarcérer des adversaires politiques.
R. : *En aucun cas. Les camps de concentration sont la honte impérissable des pays capitalistes et plus spécialement des pays fascistes.*
Q. : Que faut-il faire, alors, des adversaires politiques ?
R. : *L'humanité commande de les préserver des funestes tentations que ces malheureux ne manqueraient pas d'avoir si on avait la cruauté de les laisser vaquer à leurs occupations habituelles. On leur assurera donc le gîte et le couvert dans des centres prévus à cet effet et clôturés, pour la commodité de l'habitat, de fils métalliques garnis de pointes. Les hébergés seront vêtus par l'État de costumes que l'on s'efforcera de rendre seyants en les agrémentant de rayures. Et comme l'oisiveté est la mère de tous les vices, ce péril sera épargné aux hôtes du gouvernement, qui seront invités à meubler leurs loisirs en se livrant à divers exercices de bricolage (mines de sel, déchargement du charbon, terrassement, etc.) À ce régime, les égarés ne tarderont pas à se rééduquer et après quelques dizaines d'années on pourra envisager de les réintégrer dans la société, pourvus d'une conscience de classe toute neuve.*

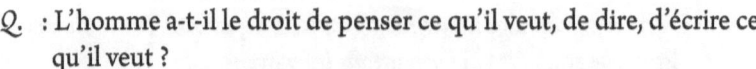

Q. : L'homme a-t-il le droit de penser ce qu'il veut, de dire, d'écrire ce qu'il veut ?
R. : *C'est un droit imprescriptible, c'est le fondement même de notre civilisation.*

Q. : L'homme a donc le droit d'être fasciste ?

R. : *Sous aucun prétexte. Être fasciste n'est pas une opinion. Comme l'a fort bien expliqué M. Sartre, c'est un délit de droit commun.*

❦

Q. : Comment distingue-t-on la liberté légitime de la liberté délictueuse ?

R. : *La liberté légitime est celle qui s'exerce dans le courant de l'histoire.*

Q. : À quoi reconnaît-on le courant de l'histoire ?

R. : *À ce qu'il favorise nos entreprises.*

Q. : Pouvez-vous illustrer ce postulat ?

R. : *Les exemptes abondent. Spartacus, Étienne Marcel, Marat, Staline, le colonel Guingouin, le commandant Judex et l'aspirant Maillot relèvent de l'historicité. Louis IX, Richelieu, Galliffet, Wrangel et Franco sont anti-historiques.*

❦

Q. : Y a-t-il de bons capitalistes ?

R. : *Oui, il y a de bons capitalistes.*

Q. : Sont-ce ceux qui donnent des salaires élevés à leurs employés ou qui les font participer aux bénéfices de l'entreprise ?

R. : *Nullement. Ce sont là des procédés paternalistes qui n'ont d'autre but que d'égarer la classe ouvrière et de lui assurer un bien-être pernicieux.*

Q. : Alors, comment distinguer les bons capitalistes ?

R. : *C'est très simple. Tous les gens qui favorisent la politique étrangère russe (en s'opposant par exemple à la C. D. E.) sont bons en soi. Ce sont de bons capitalistes comme les bailleurs de fonds de l'Express, ou de bons princes comme le comte de Paris, ou de bons généraux comme le général de Gaulle.*

❦

Q. : Qu'est-ce qu'un fellagha ?

R. : *C'est un pur héros de la résistance.*

Q. : Qu'est-ce qu'un Hongrois (ou un Roumain, ou un Polonais) qui tire sur une patrouille de l'armée rouge ?

R. : *C'est un reptile pustuleux et nauséabond qu'il faut détruire à vue.*
Q. : Les sévices infligés aux résistants pendant l'occupation par les organismes policiers se justifiaient-ils ?
R. : *Le seul fait de poser la question est un outrage à la Conscience Humaine.*
Q. : Que pensez-vous des cent mille personnes qui furent égorgées à la libération, que pensez-vous des miliciens auxquels on creva les yeux et des femmes tondues ?
R. : *Ce fut le magnifique sursaut d'un peuple fier, soucieux d'une stricte équité et qui poussa le scrupule patriotique jusqu'à s'acharner à poursuivre la libération du territoire des mois et des mois après que le dernier Boche eût tourné les talons.*

❧

Q. : Comment appelle-t-on un vaincu que l'on passe par les armes ?
R. : *On l'appelle un criminel de guerre.*
Q. : Un vainqueur peut-il commettre des crimes de guerre ?
R. : *C'est tout simplement impensable.*

❧

Q. : Que sont les soldats qui ont envahi la Corée du Sud ?
R. : *Ce sont les défenseurs de la paix.*
Q. : Que sont les soldats qui ont défendu la Corée du Sud ?
R. : *Ce sont des fauteurs de guerre.*
Q. : Que faut-il penser de l'armée française qui opère en Algérie ?
R. : *Qu'elle accomplit une abominable mission féodale.*
Q. : Que faut-il penser de l'armée soviétique qui a rétabli l'ordre à Budapest et qui le maintient, avec la même énergie dans une moitié de l'Europe ?
R. : *Qu'elle protège ces heureux pays contre la rapacité des capitalistes et les habitants des dits pays contre les mauvaises tentations qu'ils pourraient avoir.*
Q. : Quel est le plus grand écrivain français ?
R. : *C'est Françoise Sagan.*
Q. : Pourquoi Françoise Sagan est-elle le plus grand écrivain français ?
R. : *Parce qu'elle affiche des sympathies pour le communisme.*

Q. : À quoi reconnaît-on, du premier coup d'œil, une personnalité progressiste ?

R. : *À ce que cette personnalité circule en « Jaguar » et non en 2 CV comme les réactionnaires.*

Q. : Citez des exemples ?

R. : *Françoise Sagan, Gérard Philipe, Yves Montand.*

Q. : Que représentent les 24.000 Américains qui sont communistes ?

R. : *Ils sont la masse, ils sont le peuple, ils sont les travailleurs.*

Q. : Que représentent les autres 150 millions d'Américains ?

R. : *Strictement rien. Il s'agit d'une toute petite clique médiévale qui a usurpé le pouvoir par la violence et qui s'y maintient par la terreur.*

❦

Q. : Comment qualifier l'exécution des époux Rosenberg ?

R. : *Il n'y a pas de mots dans aucune langue pour qualifier ce crime contre l'humanité.*

Q. : Comment qualifier l'exécution de Beria (et de tous ceux qui furent « purgés » : Zinoviev, Kamenev, Boukharine, etc., etc.) ?

R. : *C'est le juste châtiment de traîtres à la patrie et à la classe ouvrière.*

❦

Q. : Faut-il dire que les pays capitalistes constituent un danger pour les démocraties populaires ?

R. : *Il faut le répéter sans arrêt.*

Q. : Est-ce vrai ?

R. : *Non, ça n'est pas vrai.*

Q. : Pourquoi n'est-ce pas vrai ?

R. : *Parce que les gens des démocraties capitalistes sont bien trop bêtes pour faire une guerre préventive, parce qu'ils sont bien trop bêtes pour être unis, parce qu'il y a toujours dans leurs coalitions une nation qui empêche les autres d'agir. Nous n'avons qu'à entretenir ces divisions et nous gagnerons à tous les coups.*

❦

Q. : Était-il admissible qu'il y eût un parti unique dans l'Allemagne de Hitler et dans l'Italie du Duce ?

R. : *Cette forme d'oppression donnait des haut-le-cœur.*
Q. : Est-il légitime qu'il y ait un parti unique en U. R. S. S. ?
R. : *Évidemment, puisque ce parti est l'émanation même de la volonté du peuple.*

❦

Q. : Que faut-il répondre aux malveillants qui évoquent sans cesse le pacte Ribbentrop-Molotov d'août 1939 ?
R. : *Il ne faut rien leur répondre, il faut leur ricaner au nez. En sachant toutefois que c'est grâce à ce pacte que les nations libres ont pu terrasser l'hydre fasciste. Car sans ce pacte, la guerre n'aurait pas eu lieu, l'Allemagne n'aurait pas été battue. C.Q.F.D.*

❦

Q. : Que faut-il penser des revendications allemandes sur la Prusse orientale ?
R. : *Elles n'ont pas l'ombre d'une excuse. Il s'agit de toute évidence d'une machination ourdie par des chauvins revanchards, amateurs de carnage que condamnent à la fois l'histoire, la décence et la Conscience Universelle.*

❦

Q. : Que faut-il penser des revendications de la Chine populaire sur Formose ?
R. : *Elles sont entièrement justifiées. Formose est un pays de plaines et de montagnes que Tchang a bien pu soumettre au joug des hobereaux boulimiques, mais son cœur (populaire), ils ne l'auront jamais !*

❦

Q. : Existe-t-il de bons Allemands ?
R. : *Oui. Les Allemands de l'Est qui sont pacifiques, industrieux, altruistes, épris de justice et de liberté.*
Q. : Existe-t-il de mauvais Allemands ?
R. : *Oui. Les Allemands de l'Ouest qui ont la tête carrée, qui coupent les poignets des petits enfants et qui ont une paire de bottes à la place du cœur.*

Q. : Cette situation pourrait-elle se modifier ?

R. : *Très facilement. Il suffirait que les Allemands de l'Ouest passassent sous contrôle soviétique. Aussitôt leurs têtes carrées s'arrondiraient, ils caresseraient les petits enfants et il leur pousserait au cœur une petite fleur bleue.*

Q. : Faut-il servir la France et la défendre ?

R. : *Oui, dans la mesure où la France reste fidèle à ses alliances traditionnelles.*

Q. : Quelles sont les alliances traditionnelles de la France ?

R. : *Les alliances avec la Russie, avec la Roumanie et avec la Pologne.*

Q. : Si la France s'écartait de ces alliances traditionnelles, faudrait-il tout de même la défendre ?

R. : *Non, ça serait un mauvais service à lui rendre puisque cela l'encouragerait à s'enfoncer dans l'erreur.*

LETTRE D'UN PÈRE À SON FILS
POUR LE METTRE
SUR LE CHEMIN DE LA FORTUNE

*T*U penses bien, mon fils, que je ne suis pas exagérément enthousiasmé par ton goût de la culture. Conscient de mes responsabilités paternelles, je préférerais, cela va de soi, que tu t'adonnasses, comme tes camarades mieux doués, au trafic des cigarettes américaines et des scooters d'occasion. Dans une société qui consacre la primauté du baratin et du culot, ton avenir ne poserait alors aucun problème.

Mais tu n'en es pas là, hélas. Tu perds un temps précieux à traduire Platon et Ciceron, tes notes de sciences sont déplorablement excédentaires, et je constate avec des sueurs froides que tu rédiges tes compositions françaises avec une alarmante élégance. En somme, tu es en train de devenir tout doucement un intellectuel, c'est-à-dire un individu pratiquement inutilisable, voué à des besognes marginales et à des gains dérisoires.

Or je ne te ferai pas l'injure, mon fils, de répéter devant toi le numéro classique des pères nobles sur la vanité des biens matériels. L'argent ne fait pas le bonheur, qu'on dit. L'ennui, c'est que ceux qui le proclament le plus péremptoirement sont, en général, des gens qui s'ébrouent tout naturellement dans les chèques à sept chiffres. On ne voit que trop où ils veulent en venir. De moi à toi, pareils subterfuges seraient indécents. Je te dois la vérité : si l'argent n'est pas tout, bien sûr, et s'il n'est pas indispensable d'en avoir à profusion, il en faut tout de même pas mal pour mener une existence civilisée, pour se libérer de toutes sortes d'esclavages qui, sans cela, ravalent l'homme au niveau de la bête de somme.

Tu as envie — et c'est bien légitime — de posséder une jolie voiture, de souper dans des cabarets élégants, d'exhiber des demoiselles qui ne seront pas seulement vêtues de peaux de lapin et ornées de morceaux de verre. Tu as envie de découvrir le monde sans recourir à l'auto-stop. Tu as envie d'une résidence spacieuse, d'une bibliothèque fournie, d'une villa sur la Côte et d'un chalet à Megève. Tu as envie, accessoirement, de connaître les gens dont on parle, ceux qui ont leurs photos dans *Cinémonde* et leurs noms dans les potins de Mme Carmen Tessier, des gens qui te feront sauter tes contraventions et qui t'auront ton passeport sans que tu aies à subir la dégradante obligation de faire la queue, qui t'inviteront aux générales et te feront asseoir à côté de M. Jean Genêt aux réceptions académiques. Bref, tu aspires à te hisser au-dessus du troupeau.

Malheureusement, comme je te le disais plus haut, l'application que tu mets à étudier le grec et le latin ne te destine guère à sortir de la médiocrité. Elle te prédisposerait plutôt à t'y enfoncer de plus en plus, en fonction même de l'accroissement de ta culture.

Pourtant — et c'est pour cela que je prends la peine de t'adresser cette mise en garde — ton cas n'est nullement désespéré. Seulement, il faut que tu fasses extrêmement attention. Tu ne peux plus te permettre de commettre une seule faute. Désormais, il s'agit de marcher droit. Puisque, décidément, tu ne peux rien être d'autre, mon pauvre enfant, qu'un intellectuel, qu'au moins tu sois un intellectuel cousu d'or. Cette variété existe, elle est moins rare, d'ailleurs, qu'un vain peuple ne le pense, mais elle est soumise à des règles d'une rigueur absolue et la moindre infraction à ces règles te dépouillerait d'un seul coup de tous les privilèges patiemment accumulés, te rejetterait sans phrases, dans une grotesque indigence.

La première de ces règles, celle d'où découlent toutes les autres et qui pourrait être pour l'intellectuel apprenti ploutocrate la règle unique, c'est de bien penser. Remarque qu'il ne s'agit pas là d'une innovation. De tout temps les clercs ambitieux se sont trouvés dans la nécessité de bien penser. Lorsque Julien Sorel est arrivé à Paris, il s'est hâté de bien penser dans le sillage du marquis de la Mole. Rastignac et Rubempré n'ont pas eu, eux non plus, un instant d'hésitation. « *À moi Paris !* » se traduisait : « *Pensons comme les puissants !* »

Il existe pourtant une sérieuse différence entre l'ère stendhalienne ou balzacienne et la nôtre. Le trône et l'autel étaient les deux entités consacrées par les maîtres de l'heure et le petit provincial fraîchement débarqué dans la capitale ne pouvait se méprendre sur l'orientation que devait prendre sa pensée. Les choses sont beaucoup moins claires de nos jours.

Du moins pour les non-initiés.

Le jeune intellectuel un peu naïf qui a constaté l'énorme puissance des capitalistes peut être tenté de croire que son intérêt bien compris est de les défendre. Il se peut également que, pour d'autres raisons moins vulgaires, par souci de préserver certaines valeurs qui ne résisteraient pas à l'éclatement de la société, ce jeune intellectuel se fasse le défenseur de l'ordre établi et, par voie de conséquence, des capitalistes.

C'est là, mon fils, la faute inexpiable, l'erreur majeure dans laquelle je t'adjure de ne pas tomber si tu veux éviter de finir sur la paille (humide ou pas), comme ton vieux père. Car il se trouve que les capitalistes, si souvent, si injustement calomniés, sont animés en réalité d'un esprit proprement évangélique. Qu'on les frappe sur la joue droite et ils tendent aussitôt la joue gauche (et parfois aussi une enveloppe bien garnie.) Par contre, leur humilité est telle qu'ils ont une horreur quasiment maladive de quiconque a l'outrecuidance de prendre leur défense.

Cette édifiante particularité trace sa ligne de conduite au jeune intellectuel avide de jouir des biens de cette terre. S'il veut s'enrichir, il faut absolument qu'il se situe, au départ, comme un ennemi irréductible de toutes les hiérarchies, de toutes les supériorités, celles de la race, du talent, de la fortune, comme un défenseur intransigeant des humbles, des opprimés, des parias, des traînes-patins, des balayeurs, des débiles mentaux et des anthropoïdes. Son mot-clé sera le mot « social. » Il pensera en fonction du social, dans une perspective sociale. Et sa préoccupation constante sera la défense de la personne humaine. Mais pas, bien sûr, de toutes les personnes humaines, car certaines sont bien peu intéressantes : celles notamment qui vont à rebrousse-poil de l'Histoire. À l'échelon le plus bas, par contre, on ne saurait s'y tromper : la personne humaine du manœuvre kabyle ou du porteur bambara va à coup sûr dans le sens de l'Histoire et acquiert de ce fait un caractère sacré.

C'est cette éblouissante personne humaine-là que le jeune intellectuel opposera sans trêve ni lassitude aux individus répugnants, gavés, repus, qui composent ce qu'on nomme encore en France, par euphémisme, la classe dirigeante. Naturellement, notre jeune intellectuel ne manquera aucune occasion d'affirmer des convictions aussi avantageuses, ni de cracher dans les écuelles, pour lui bien garnies, de la société bourgeoise. Il participera à tous les galas progressistes. Il signera toutes les pétitions pour les espions atomiques. Il s'engagera (moralement) dans le sillage des fellaghas contre le colonialisme français. Et il flétrira la hideuse plus-value capitaliste qui arrache le pain amer de la bouche affamée des enfants des travailleurs. Grâce à quoi, on s'extasiera sur sa générosité et on le paiera en conséquence.

Un jeune intellectuel qui prend, dès le départ, d'aussi fermes positions, qui s'installe résolument dans le conformisme non-conformiste alimentaire, ne peut plus ensuite que réussir. Il n'a qu'à se laisser porter.

À l'Université, toutes les places intéressantes lui sont réservées et son avancement sera rapide.

La radio et la télévision lui sont acquises.

Les éditeurs et les directeurs de journaux-issus attendent avidement ses écrits. Le Vél-d'Hiv sera tout juste assez grand pour ses séances de signatures.

C'est pour lui que les Académiciens Goncourt fourbissent leur prix et que les ministres distribuent leurs rubans rouges.

C'est lui que l'on charge de rehausser le prestige de la France par des tournées de conférences à l'étranger.

C'est lui que l'on invite à Moscou et à Pékin (et dame, ça n'est jamais à dédaigner un pareil voyage aux frais du moujik ou du coolie de base qui eux, bien sûr, ne sont pas des opprimés.)

C'est à lui que vont, s'il fonde un journal, les subventions occultes et les gros contrats de publicité. Et s'il rencontre dans quelque salon (car tous les salons lui sont ouverts), un de ces atroces collectionneurs de jetons de présence dont il stigmatise si joliment la malfaisance, le collectionneur le saluera bien bas.

Pour nous résumer : la fortune, la considération, la gloire et les honneurs.

Voilà tout ce qui t'attend, mon fils, si tu te décides à bien penser en attaquant carrément la société. Voilà tout ce que tu perdais si tu faisais mine de la défendre, si tu pensais mal, si tu étais un de ces individus dont les bons bourgeois disent, les lèvres pincées :

> *« Nous ne connaissons pas cet hurluberlu, ce fanatique, cet excité et nous ne savons pourquoi il s'acharne à nous compromettre aussi méchamment... »*

Seulement, mon fils, tu veux peut-être éviter d'être obligé de te mépriser toi-même.

Dans ce cas, mettons que je n'ai rien dit.

SOLUTIONS AFRICAINES

*V*OYONS les choses avec réalisme.
Écartons ces pulsions affectives qui font choir le problème africain dans une pénible confusion.

La réalité — si peu ragoûtante qu'elle soit — c'est qu'il existe en France une majorité de gens hostiles à la perpétuation de notre empire africain, une majorité de gens auxquels le colonialisme donne mauvaise conscience et qui considèrent avec méfiance — ou avec horreur — les Français d'Afrique ; ces féodaux, ces réactionnaires, ces « Sudistes. » Et ces sentiments atteignent leur maximum de fréquence et d'intensité chez les personnages qui détiennent quelque pouvoir ou quelque influence, chez les parlementaires, chez les journalistes.

C'est la mort dans l'âme que ces gens-là se résignent à ce que les forces françaises tirent sur les maquisards fellagha. Mais à l'idée que ces forces armées pourraient être utilisées contre les colons français — l'hypothèse a été plusieurs fois envisagée avec le plus grand sérieux — et tout de suite les nantis du Système se mettent à frétiller d'allégresse car sans l'acharnement quasi démentiel que les colons français mettent à s'accrocher à ce pays où tout ce qui n'est pas à proprement parler le désert a été construit par eux, il y a beau temps que la France serait soulagée du fardeau algérien et qu'elle pourrait enfin recommencer à s'occuper des choses vraiment sérieuses c'est-à-dire des bouilleurs de cru, du scrutin d'arrondissement et de l'école laïque.

C'est donc en partant de cette solide réalité, en partant de cette hostilité irréductible des Français puissants et influents à l'égard des Français bêtement laborieux d'Afrique du Nord, qu'il convient de rechercher des solutions constructives. Ces Français d'Afrique, il faudra bien, un jour ou l'autre, leur régler leur compte.

Pour cela la IVe République a le choix entre trois procédés :

1. — *La solution musulmane* : C'est-à-dire le retour au *statu quo ante* (*ante* le coup d'éventail du dey d'Alger en 1830.) Dans ce cas, les Français d'Algérie restent sur place, mais avec le statut d'esclaves qui était celui de leurs grands ancêtres et ils sont admis à ramer sur les galères des pirates barbaresques, ou à accomplir, le boulet au pied, sous la surveillance des janissaires reconstitués, toutes sortes de gros travaux d'utilité publique.

2. — *La solution anglo-saxonne, biblique et démocratique* : C'est celle, très exactement, qui fut appliquée aux peaux-rouges par les pieux pionniers qui débroussaillèrent l'Amérique. Les peaux-rouges entravaient, par leur existence même, le libre développement du génie anglo-saxon. Ils ne l'entravent plus aujourd'hui. Et qu'on n'aille pas prétendre que le nombre même des Français d'Algérie s'oppose à cette mesure d'assainissement. Dieu merci, les moyens de destruction ont fait, depuis Buffalo Bill, suffisamment de progrès pour que le refroidissement de 1.500.000 individus ne soulève pas d'obstacles techniques. Rien ne s'opposerait ensuite à ce qu'on parquât les survivants dans des « réserves » où les touristes viendraient les photographier et leur acheter des poteries.

3. — *La solution soviétique* : Elle est à la fois plus humaine, plus rationnelle et plus moderne que la solution anglo-saxonne. C'est celle des transferts des populations. Les Russes nous ont montré en Bessarabie et en Prusse orientale comment il fallait s'y prendre pour anéantir l'irrédentisme, sans gâcher un matériel humain toujours utilisable. Malheureusement, nous n'avons point, comme eux, les merveilleuses étendues sibériennes si propices au déplacement des personnes humaines. Et il serait peu sérieux de déporter les Français d'Algérie dans quelque autre partie de l'Empire, puisque la IVe est bien résolue à brader jusqu'au dernier lambeau de cet intolérable empire et que, même au Sahara, le problème de l'excédent de population blanche se posera le jour où nous accorderons l'indépendance à un Touareg vraiment valable. Pas question non plus de rapatrier les Français d'Algérie en France, où ils voteraient désastreusement pour Tixier-Vignancourt et où ils sont, de ce fait, hautement indésirables.

Cette troisième solution soulève, on le voit, de graves difficultés. Mais qui ne sont pas, toutefois, absolument insurmontables. Si nous n'avons pas de Sibérie, nos amis russes en ont une. Et ça serait sans doute le moment d'invoquer notre pacte d'alliance pour leur demander d'accueillir dans leur Sibérie à eux, notre surplus de Français non valables. Entre copains ce sont des services qu'on ne se refuse pas. Et, comme les Français d'Algérie constituent une main-d'œuvre de choix, les Russes pourraient peut-être nous consentir en échange quelques avantages commerciaux.

Ensuite, en Algérie, il n'y aurait plus de problèmes. Il ne demeurerait plus que des interlocuteurs extraordinairement valables, à qui ce serait un jeu d'accorder, sans reprendre haleine, l'indépendance.

Reste, dira-t-on, une quatrième solution : *la solution française*. La solution qui consisterait à assurer par tous les moyens la primauté des Français d'Afrique.

C'est une hypothèse tellement absurde qu'il est impensable qu'elle effleure, ne serait-ce qu'un instant, l'esprit d'une Excellence du Système.

Toutefois, il ne devrait pas être tout à fait impossible de faire triompher cette solution-là. Mais point en abordant le problème de front. En recourant à la ruse.

Jusqu'à présent, en effet, les maniaques de la présence française ont défendu leur cause avec une déplorable maladresse. Ils s'égosillent à démontrer qu'il faut défendre l'Algérie parce qu'elle est française. C'est là un argument qui, dans les « avenues » du pouvoir, ne saurait toucher personne. La France démocratique ne s'intéresse pas à ce qui est français. Lorsque nous tirons l'épée, on sait — ou on devrait savoir — que c'est toujours par altruisme, jamais par esprit de lucre, jamais par souci sordide de sauvegarder ce qui nous appartient.

La France a fait la guerre de 70 pour l'Espagne, celle de 14 pour les Serbes, celle de 39 pour les Polonais. Et si elle a omis de faire la guerre de 38 pour les Tchèques, on le reprochera jusqu'à la consommation des siècles aux misérables qui se sont ainsi dérobés à leur devoir démocratique. « Munichois » demeure, en réunion publique, la flétrissure majeure. Après dix-huit ans de carnage et d'anarchie, refuser de « mourir pour Dantzig » n'a cessé d'être le symbole même de la honte pour les directeurs de conscience de l'opinion française. Mais ces mêmes directeurs de conscience démontrent sans aucune peine qu'il serait absurde et malséant de mourir pour Casa, ou pour Alger ou pour Tunis.

C'est que ce sont là des villes françaises et la France n'est pas disponible pour la sauvegarde des villes françaises. Alors qu'elle resterait disponible bien sûr, s'il s'agissait d'une croisade proprement poldève.

Et certes, on eût pu camoufler l'opération en débaptisant les villes d'Afrique du Nord et en les affublant de vocables fleurant bon cet irrésistible charme polonais qui fait fondre d'attendrissement les amateurs de football français. Imagine-t-on des réservistes renâclant devant la nécessité de mourir pour Chepetowka au Cziertewicz ?

M. Bourdet ne le tolérerait pas.

J'admets toutefois qu'il est un peu tard pour donner à Alger un nom de croisade. Mais il subsiste un autre moyen, un dernier moyen de sauver l'Afrique française. C'est de ne plus parler, plus jamais — puisqu'il n'intéressent personne — des Français qui y résident. Et de ne parler uniquement, mais sans relâche, des collectivités israélites qui y sont établies.

Ces collectivités — c'est un fait bien réel, indiscutable — sont encore plus menacées que les collectivités françaises. Et elles ont sur ces dernières l'avantage d'être intéressantes, d'intéresser le monde entier. On peut même s'étonner que leur cas ait jusqu'ici provoqué aussi peu d'émoi et que les grands seigneurs de la finance israélite qui s'époumonèrent si fort à appeler l'univers aux armes pour délivrer leurs frères opprimés par les nazis soient d'aussi tièdes défenseurs de leurs coreligionnaires menacés par les cannibales d'Oued-Zem et autres lieux.

Mais je reste persuadé qu'il suffirait d'attirer leur attention pour qu'ils comprissent leur devoir.

Et le jour où, au lieu de parler des droits de la France, notre ministre des Affaires étrangères se présentera devant l'O.N.U. en proclamant :

« *Nous restons en Afrique du Nord pour y défendre jusqu'à la mort les droits d'Israël.* »

Ce jour-là un grand souffle d'enthousiasme secouera l'Assemblée des Nations enfin unies. La France sera, de nouveau, le soldat du droit.

Et la cause sera gagnée.

―――◄o►―――

P.-S. — *Ces lignes avaient été écrites bien avant que MM. Mollet et Eden eussent lancé notre pays, pour Israël, dans la périlleuse aventure du canal. On voit que mon conseil a été entendu.*

LIBÉRONS SAINT-ANDRÉ-DE-CUBZAC !

JE sais bien que le monde civilisé en général et le colonel Nasser en particulier répugnent encore à nous rendre pleine justice.

Et qu'ils trouvent que nous tardons beaucoup, à liquider ce qui subsiste de l'Empire français.

Si légitime que soit cette impatience, elle manque quelque peu d'équité. Car tout compte fait les choses sont plutôt en bonne voie. Elles progressent même à une cadence hautement réconfortante. Onze ans à peine — et qu'est-ce que onze ans dans la vie d'une nation ? — se sont écoulés depuis que le génial général de Gaulle a donné le branle en fourguant la Syrie. Et en onze années quel chemin a été parcouru ! Sous les coups redoublés des prestigieux hommes d'État français issus de la Résistance, les derniers bastions de l'iniquité colonialiste achèvent de s'écrouler et bientôt notre pays, ramené à la resplendissante simplicité de l'hexagone originel, pourra comparaître devant ses censeurs avec une conscience de cristal.

C'est là, semble-t-il, le rêve des profonds penseurs qui se prodiguent depuis 1944 pour régénérer notre pays. Mais pourquoi cacherais-je que ce but si louable qu'il soit, m'apparaît bien mesquin, bien étriqué, indigne en un mot de ces vastes constructions de l'esprit, connues sous le nom d'« idées françaises » dont nos grands ancêtres inondèrent une planète éblouie.

Les honorables membres de l'Assemblée nationale, seraient-ils inférieurs aux Conventionnels ?

Auraient-ils moins d'audace, moins d'imagination, moins d'énergie ?

Serions-nous des démocrates décadents ?

La chose n'est guère pensable.

Or la remise aux autochtones des terres françaises d'outre-mer n'est et ne peut être, de toute évidence, qu'une première étape. Au delà de l'Empire français, il y a la France dont les autochtones sont, certes, dotés de personnes humaines moins intéressantes que celles des Annamites, des Berbères et des Bambaras, mais dont il serait choquant d'ignorer éternellement les droits naturels et infrangibles.

Un immobilisme littéralement criminel n'a que trop différé l'octroi de libertés fondamentales aux populations opprimées. Et ces populations opprimées — il suffit de jeter un coup d'œil sur la carte pour s'en convaincre — couvrent la quasi-totalité du territoire métropolitain. À des dates variables, échelonnées tout au long des dix derniers siècles, les malheureux *natives* de l'hexagone ont été successivement dépouillés de leur indépendance par un petit gang de colonialistes boulimiques qui gravitaient, à l'origine, dans l'orbite des roitelets de l'Île-de-France.

La première victime de cette dégradante entreprise fut — si mes lointains souvenirs scolaires sont exacts — le sire de Monthléry. Pauvre sire de Monthléry, héros de notre premier maquis, précurseur des fellaghas, voyez comme le maltraitaient les scribes asservis à la réaction capétienne ! N'est-on pas allé jusqu'à faire de lui un vulgaire bandit ? Mais nous connaissons cette musique-là. C'est toujours de cette même bave que l'on éclabousse les preux de la résistance.

Quoi qu'il en soit, la prise du donjon de Montlhéry n'était qu'un tout petit commencement. Après les castels, les provinces. Par la force brutale, par la ruse, par héritage ou par alliance. Et sans que jamais, en aucun cas, les malheureux citoyens desdites provinces fussent démocratiquement consultés.

Que l'injustice soit ancienne, qu'elle soit le plus souvent oubliée, que les indigènes aient fini par s'accommoder de leur asservissement, cela ne change rien à l'iniquité originelle et cela ne dispense nullement de la réparer.

Au Maroc aussi, avant que les hommes d'État de la B.B.C., et de la clandestinité eussent pris le pouvoir à Paris, il semblait bien qu'il n'y avait pas de problème. Les Marocains ne s'insurgeaient point contre leur destinée. L'idée ne les en effleurait même pas. Mais les intellectuels parisiens veillaient, et à force de s'entendre répéter par M. Mauriac et ses séides que ça ne pouvait pas durer comme ça, les Marocains ont fini par se laisser convaincre que la situation était intolérable. Et il y a eu, enfin, un problème marocain.

Il semble qu'il ne devrait pas être extrêmement difficile de fabriquer, comme ça, un problème breton, un problème provençal, un problème flamand, un problème basque et un problème auvergnat. Sans compter d'autres menus problèmes encore plus locaux, mais non moins dignes de sympathie.

Lorsque tous les contrats qui nous liaient aux peuples protégés seront définitivement effacés, on se demande bien ce qui pourrait empêcher les hommes épris de progrès et de justice d'annuler enfin, à titre posthume, les mariages successifs d'Anne de Bretagne avec Charles VIII et avec Louis XII. Et d'annuler aussi d'autres diktats tout aussi monstrueux. Je pense ici, tout spécialement, au rapt permanent de la Franche-Comté. Presque tous les rois de France — nous enseignent les manuels d'histoire — ont conquis la Franche-Comté. Et les mêmes, évidemment, l'ont perdue, puisque leurs successeurs recommençaient à avoir le triste bonheur de la reconquérir. Or, il est bien évident que la répétition une mauvaise action ne la justifie pas.

Au contraire. *Diabolicum*, etc..

Et j'espère bien, pour ma part, que lorsqu'on se sera enfin engagé dans la voie de la réparation, on ne tardera pas à découvrir d'autres injustices que nul jusqu'ici n'a eu l'ingéniosité de soupçonner. Par exemple la féroce occupation par des forces étrangères de Saint-André-de-Cubzac (Gironde.) Il se trouve que je connais assez bien ce chef-lieu de canton où mes ancêtres ont fait pousser de la vigne depuis un nombre déprimant de générations. Or, il ne semble pas, hélas, que les tribus cubzaguaises aient été tourmentées jusqu'ici par la tentation de l'autonomie interne, prélude obligatoire de l'indépendance totale. Ces tribus, abruties par la presse féodale, se considèrent comme françaises, elle n'ont pas encore accédé à la conscience de leur devenir historique, elles ne se pensent pas en tant que cubzaguaises. Les nobles montagnards de Montalon (90 mètres au-dessus de la mer) ne descendent pas dans la plaine pour razzier les perceptions des occupants français, ou pour dynamiter le chemin de fer de Blaye, ou pour incendier les pressoirs, ou pour cisailler les fils télégraphiques, ou pour mettre au soleil les viscères du médecin-chef de l'hôpital.

Alors, forcément, les grands esprits généreux de la presse express n'ont pas encore eu la possibilité matérielle de cerner les réalités du problème cubzaguais et le gouvernement méconnaît encore le surcroît de prestige dont serait inondé notre pays s'il se préparait dès maintenant à perdre Saint-André-de-Cubzac.

Et à perdre également tous les autres chefs-lieux de canton qui, tout autant que Saint-André-de-Cubzac, ont le droit imprescriptible de secouer le joug des oppresseurs et de vivre dans l'indépendance et la dignité.

Et alors, mais alors seulement, lorsque la France sera équitablement ramenée à la douzaine de bourgades que Hugues Capet laissa à son successeur, la République aura enfin parachevé son œuvre.

Et il ne restera plus qu'à recommencer.

ÉLISONS UNE ASSEMBLÉE INIMITABLE !

*L*E vice français — nul ne l'ignore — le seul vice peut-être de cette prestigieuse nation, c'est cette consternante obstination que nous mettons à nous dénigrer, à déprécier, sous l'œil de l'étranger qui nous guette, nos plus beaux élans de vertu et le mécanisme même de nos institutions les plus sacrées. On ne s'en aperçoit que trop, hélas, lorsque à chaque fin de législature les élus du peuple souverain se consacrent à la finition d'un mode de scrutin.

Et là-dessus, parce que les géants de la démocratie tardent un peu à se mettre d'accord, parce qu'ils ne parviennent point du premier coup à cette perfection dont seule peut s'accommoder le régime, on entend aussitôt s'élever les sinistres ricanements des esprits forts, l'on recommence à assimiler les représentants de la nation à des volatiles dépréciés, à des fruits de mer arrachés depuis trop longtemps à leur élément, ou plus simplement à des matières fécales.

J'imagine que lorsque Bernard Palissy engloutissait dans ses fourneaux les derniers montants de son buffet Henri II, les voisins, eux aussi, devaient ricaner bêtement et moquer la ténacité de ce chercheur de génie. Pas plus que Bernard Palissy, les membres de l'Assemblée, qui sont prêts a immoler sur l'autel de la patrie jusqu'à leur dernière goutte de salive, ne doivent se laisser détourner de leur tâche par les brocards et les calomnies.

Et ils ont bien raison.

D'abord, ils sont conscients de faire corps avec le seul système de gouvernement qui, en dépit des sarcasmes pointus, réponde pleinement aux aspirations profondes du pays. Car, après tout, c'est pour avoir ce système-là et pas un autre que, de génération en génération, de la prise de la Bastille à la prise de Von Choltitz, nos grands et petits ancêtres sont morts inlassablement sur les barricades. Si les Français n'aimaient pas ce système-là, il leur eût été aisé de le faire savoir. Or ils ne tordent vraiment la bouche que lorsqu'on fait mine de les sevrer de ces délices.

Mais outre cette conscience qu'ils ont de s'identifier, en soi, avec l'idéal de la nation, les élus du peuple se sentent tout simplement très bonne conscience. Les retards mêmes que l'on apporte régulièrement à l'enfantement de la loi électorale montrent jusqu'à quel point les honorables ont le souci de la besogne bien faite. Et, certes, le profane est bien excusable de n'entrevoir qu'une certaine fluidité. À peine l'arrondissement l'a-t-il emporté qu'il est balayé par une contre-attaque proportionnaliste ; à peine les proportionnantes esquissent-ils leur danse du scalp qu'un coup droit des pères conscrits les étend pour le compte ; à peine s'est-on mis d'accord sur décembre qu'on se met tout aussitôt d'accord sur janvier et d'accord également sur les calendes de juin ; à peine a-t-on fini d'excommunier les apparentements qu'on les adopte dans l'allégresse et la loyauté, sans les adopter positivement et tout en se réservant de les adopter sans avoir l'air de les adopter.

Tout cela, bien sûr, ressemble fort à l'ordre de bataille du père Ubu :

« *La cavalerie chargera dans la confusion générale et l'artillerie tirera dans le tas.* »

Mais nous serions de piètres républicains si nous nous laissions prendre aux apparences. En réalité, ce qui domine ces débats, c'est une inébranlable volonté d'accéder à la perfection, de ne se laisser rebuter par rien et de braver au besoin l'impopularité, tant que la perfection ne sera pas atteinte.

La loi parfaite, idéale — cela va de soi — ce serait celle qui assurerait automatiquement la réélection de tous les députés, sans aucune exception. Or, il ne semble pas que, dans ces empoignades titanesques qui donnent tous les cinq ans tant de lustre au régime, l'imagination des combattants soit à la hauteur de leur pugnacité.

Et c'est ici que je me dois d'intervenir. Ne serait-ce que pour river une fois de plus leur clou aux malveillants qui s'acharnent à m'accuser de passéisme.

Passéiste ? La bonne blague !

Alors que je m'acharne au contraire à toujours guerroyer à l'avant-garde de la démocratie, à frayer infatigablement un chemin à l'avenir (comme disait le père Hugo), à préparer dans tous les domaines l'avènement des lumières, en éclairant, sans cesse, de mes conseils constructifs, les bâtisseurs d'un monde meilleur.

Cet esprit essentiellement constructif, je vais lui permettre, une fois de plus, de se manifester en suggérant aux représentants de la nation un projet de loi électorale qui permettrait de satisfaire tout le monde, absolument tout le monde, et qui réconcilierait enfin les deux grandes tendances dont les heurts désormais séculaires se confondent avec l'histoire même de la République.

L'idée — comme toutes les idées de génie — est simple. Si simple qu'aucun député ne semble y avoir pensé. Mais moi, j'y ai pensé. J'ai pensé que, pour mettre un terme aux luttes épiques des arrondiss-mentiers et des proportion-nalistes, il suffirait de décider qu'au lieu de voter une seule fois, on voterait deux fois, une fois avec le scrutin d'arrondissement et une fois avec le scrutin de liste.

On élirait ainsi, non pas 639 députés, mais 1278. Techniquement, la valeur absolue de la future assemblée ne pourrait qu'y gagner. Au lieu d'être simplement admirable, l'assemblée serait deux fois plus admirable et elle serait dix fois plus admirable si l'on multipliait par dix le nombre de ses membres.

Nous n'en sommes sans doute pas encore là. Pour des raisons d'encombrement, à moins de transporter les jeux parlementaires au Vél d'Hiv, il n'est guère possible de dépasser le multiple deux, et encore, en tassant considérablement les élus dans l'enceinte du Palais-Bourbon. Mais les élus prendraient sans doute d'un cœur léger cette petite gêne matérielle, puisque notre système électoral sauvegarderait de toute façon l'essentiel qui est, on le sait, la réélection de *tous* les membres de l'Assemblée sortante.

En effet, même dans une Assemblée de 1278 membres, élue selon un mode unique de scrutin, la glorieuse incertitude du sport laisserait de toute façon sur le carreau un certain nombre de champions malchanceux. Tandis qu'avec notre système dualiste arrondissement-proportionnelle, chacun serait certain de se faire réélire en se soumettant au mode de votation qui lui serait le plus favorable.

Et non seulement les 639 députés sortants seraient réélus, mais ils amèneraient dans leur sillage 639 nouveaux petits copains qui aspirent eux aussi ardemment à se dévouer pour le bonheur du peuple, qui seraient condamnés sans cela à une déprimante attente et qu'on ne peut tout de même pas tous caser à l'Assemblée de l'Union Française, refuge providentiel, mais hélas trop exigu, des parlementaires de vocation que les électeurs ont le mauvais goût de ne jamais élire.

On pourrait, d'ailleurs, porter ce projet à la perfection absolue en prévoyant le cas, d'ailleurs fort improbable, où en dépit de toutes nos précautions et par suite d'une invraisemblable malchance, quelques députés sortants ne seraient pas réélus. Il suffirait alors d'instituer à leur bénéfice une sorte d'assurance-chômage dont tous les frais seraient à la charge de l'État (qui en assume bien d'autres...) et qui garantirait aux blackboulés leur traitement jusqu'au jour où d'une manière ou d'une autre on s'arrangerait pour leur faire réintégrer la communauté parlementaire.

De plus, définitivement rassurés sur la stabilité de leur emploi, les élus ne s'opposeraient plus jamais aux élections anticipées et autres dissolutions. On pourrait voter trois ou quatre fois chaque année. Et les débitants de boissons, qui sont à la fois une des mamelles de la démocratie et les grands vainqueurs de tous les scrutins, ne pourraient qu'y applaudir.

Mon système constructif de réforme ne présente, on le voit, strictement que des avantages, et pas le plus petit inconvénient. Il m'aura suffi, n'en doutons pas, de l'exposer pour que l'Assemblée unanime l'adopte en trépignant d'enthousiasme.

Pour une France Suisse
à direction monégasque

*T*OUJOURS animé par le même souci d'aborder les grands problèmes dans une perspective réaliste, j'ai déjà examiné à plusieurs reprises ce qu'il conviendrait de faire dès que la IV⁰ République aura enfin achevé de liquider l'Empire français. Mais les solutions que j'ai suggérées ne sont point exhaustives.

Il en est d'autres.

Par exemple, la solution suisse. Ou mieux, la solution monégasque.

Supposons donc résolue la première partie du problème, c'est-à-dire la liquidation des honteux vestiges de notre héritage colonial. À ce moment la France connaîtra sans doute un surcroît de prestige aux yeux des délégués du Yemen et du Nicaragua qui supervisent la conscience de l'O.N.U. Mais, matériellement, elle se trouvera dans une situation neuve, entièrement neuve.

Plus question, naturellement, de continuer à bomber le torse dans les conciles des quatre « grands », ni de s'offrir, sans gêne pour personne, des déficits annuels de mille milliards. La France impériale pouvait faire illusion. Elle pouvait se permettre un certain gâchis. La France sans empire ne serait plus qu'un petit bout d'Europe aux ressources exiguës, aux possibilités limitées. Mais un petit bout d'Europe dont les citoyens ont pris des habitudes de loisir, de confort et même d'opulence qu'il serait cruel de leur enlever. Et qu'on leur enlèverait fatalement si d'ingénieuses dispositions n'étaient prises dès maintenant pour prévenir ce cataclysme.

Comme il n'est pas question, évidemment, que les Français réduisent leur train de vie, d'où viendra l'argent ? C'est extrêmement simple. Il suffit pour cela non de diminuer les dépenses militaires, mais de les supprimer complètement. Car une France qui renonce aussi allègrement à son Empire peut bien renoncer aussi à son armée. D'autant que cette armée si dispendieuse est devenue à la fois inutile et périlleuse. Inutile, puisque les Allemands se chargent désormais de monter la garde devant le rideau de fer. Périlleuse, parce qu'en cas de conflit avec les Soviets — le seul conflit possible — il serait imprudent — dans l'intérêt même de l'Occident — d'armer des citoyens dont un sur quatre est un combattant volontaire de la cinquième colonne russe.

Et qu'on ne dise pas que la sécurité de la France en souffrirait.

Est-ce que la Suisse a été envahie lors des deux dernières guerres ? Or s'il en fut ainsi, il est difficilement soutenable qu'elle fût protégée de cette catastrophe par l'invincibilité de son armée. Elle fut épargnée parce qu'elle était un centre merveilleux d'espionnage et de trafic, parce que les agents secrets et les marchands de canons des puissances ennemies trouvaient commode d'aller à Berne échanger, devant un whisky, des renseignements et des commandes. Et pourquoi ce qui était possible à Berne ne le serait-il pas à Paris ? Seulement ces choses-là ne s'improvisent pas et en même temps qu'il supprimerait l'armée française, le gouvernement serait sage de veiller à ce que tous les services d'espionnage des grandes puissances vinssent bien s'installer à Paris. Au besoin en les subventionnant et en mettant à leurs dispositions tous les locaux et tout le matériel nécessaire.

Ainsi débarrassée de ses charges militaires, la France non-impériale disposerait aussitôt d'importantes ressources financières dont elle pourrait consacrer la plus grosse part, conformément à la tradition, à des subventions de toutes sortes aux nécessiteux (présumés) et aux petits copains (homologués.) Le reste serait dépensé en aménagements divers (autoroutes, dancings, casinos, maisons d'illusions, parcs d'attractions, relais gastronomiques) destinés à faire de la France un *play ground* attrayant où les touristes étrangers apporteraient l'argent que les amateurs de démocratie trouvent trop fatigant ou trop dangereux de gagner eux-mêmes.

On s'acheminerait ainsi tout gentiment vers une forme d'État qui, assez curieusement, n'inspire encore à personne en France une nostalgie proprement militante (alors qu'il y a des maniaques du bolchevisme, de l'américanisme, de l'anglomanie, de la germanophilie) : l'État monégasque. État qui, outre ses autres mérites, est pourtant conforme aux vœux du dernier-né des partis français et aux aspirations profondes de tous nos compatriotes, puisqu'on n'y paie pas l'impôt.

Oui, tout bien réfléchi, c'est dans cette direction-là, et pas dans une autre, que la France, soulagée de son empire, a le devoir de s'orienter, c'est sur Monaco qu'il lui faut s'aligner.

En priant Dieu que son prochain président se montre digne d'une conjoncture aussi économiquement avantageuse et qu'il la porte à son plus haut degré de perfection, en épousant, comme il se doit, une héritière américaine.

Alors, pour les Français, il n'y aura plus de problèmes.

Table des matières

La Terre est ronde 5
Et les autres ? 11

Chapitre premier
« Ami, entends-tu le vol lourd ... »

Pitié pour la résistance ! 17
Les faux vrais et les vrais faux 23
Qui fut le premier ? 26
Pour du beurre 28

II
Au delà du père Ubu 31

14 juillet 1954 33
Les bons tueurs et les mauvais 37
Le règne de la vertu 40
La paille et les poutres 44
Ces jolis mouvements du menton que le monde nous envie 48
Conte armagnac et bourguignon 52
Mais si ! ça peut durer 56

III
Tout ce joli monde 59

De Gaulle (Charles) 61
Blond (Georges-Martial) 66
Philipe (Gérard) 71
Stéphane (Roger) 74
Hervé (Pierre) 77
Quéval (Jean) 81
Ancel (Alex) 86

IV

LA BRADERIE 91

Truismes africains 93
Conte numide 96
Noblesse et limites de la décolonisation 101
Lucifer 106
Pénétration pacifique 110
Pour un empire adéquat au système 113

V

LES BONS COPAINS 117
La voix de l'Amérique 119
Le bâton de l'homme blanc 123

VI

LES GRANDS FRÈRES SLAVES 127
La croisière des simples d'esprit 129
De vilains dossiers 132
La débâcle des mirlitons 136

VII

LES TÊTES CARRÉES 141
Le diktat du réarmement 143
Un désastre synthétique 147
Le boom des faux jetons 151

VIII

DU NEUF, DU RAISONNABLE ET DU CONSTRUCTIF 155
Et d'abord, décorons de Gaulle ! 157
Catéchisme 161
Lettre d'un père à son fils pour le mettre
   sur le chemin de la fortune 168
Solutions africaines 173
Libérons Saint-André-de-Cubzac ! 178
Élisons une assemblée inimitable ! 182
Pour une France Suisse à direction monégasque 186

Lisez aussi

ÉDITION ORIGINALE
NON CENSURÉE
Documents authentiques

◆◇◆

— Y a-t-il une race juive ? —
Les juifs. L'esprit juif. Manifestations sociales de l'esprit juif. L'action sociale juive. Les causes de l'antisémitisme. Réponses et répliques. Limite et réalité du péril juif. Conclusion.

◆◇◆

Le premier lecteur de ce livre fut un éditeur. Il l'a trouvé trop anodin pour le publier.

Si j'avais abordé cette étude avec le préjugé de la haine et uniquement pour le satisfaire, on trouverait dans ces pages, assurément, beaucoup d'accusations sans fondement et d'invectives passionnées. Ce travail se serait confondu avec les pamphlets trop nombreux qu'on vend aux carrefours et qui discréditent leurs thèses par l'exagération de leurs griefs et le ton de leurs querelles.

Je ne sais si je me trompe, mais ce sont ces pamphlets qui me paraissent anodins.

Je voudrais seulement refroidir l'ardeur révolutionnaire des Juifs qui, depuis le commencement de ce siècle, allument aux quatre coins du monde des foyers de désordre et de discorde. Je voudrais ramener à une plus saine considération des réalités les intellectuels idéalistes qui agitent Israël et retournent notre civilisation sur elle-même, comme une terre qu'on bêche.

Pour cela, il faut avant tout qu'ils sachent que leur action est aperçue et jugée. Je remplis ici ce rôle admonitoire.

Broché : 148 pages

ISBN-13 : 978-1660269167

Amazon Prix : 27 €

RETROUVEZ TOUTES NOS PUBLICATIONS

SUR LES SITES

- vivaeuropa.info
- the-savoisien.com
- pdfarchive.info
- freepdf.info
- aryanalibris.com
- aldebaranvideo.tv
- histoireebook.com
- balderexlibris.com

Librairie Excommuniée Numérique CULUS (CUrieux de Lire des Usuels)

www.ingramcontent.com/pod-product-compliance
Lightning Source LLC
LaVergne TN
LVHW091546060526
838200LV00036B/730